Printed in Great Britain
by Amazon

کلامِ داغ

(شعری انتخاب)

داغ دہلوی

First Edition: September 2018
Book Name: Kalam-e-Daagh
Category: Urdu Poetry
Poet: Daagh Dehlvi
Title: Raja Ishaq

Language: Urdu
Publisher: Andaaz Publications
4616 E Jaeger Rd
Phoenix, AZ 85050 USA
Email: admin@andaazpublications.com
Ordering Information: Available from amazon.com and other retail outlets

No part of this book may be reproduced in any written, electronic, recording, or photocopying without written permission of the publisher or author. The exception would be in the case of brief quotations embodied in the critical articles or reviews and pages where permission is specifically granted by the publisher or author.

Copyright © 2018 Andaaz Publications
All rights reserved

ISBN: 978-1-7328300-0-4

فہرست

غزلیں

حمد

یہاں بھی تو وہاں تو زمیں تیری فلک تیرا
کہیں ہم نے پتا پایا نہ ہرگز آج تک تیرا

صفات و ذات میں یکتا ہے تو اے واحدِ مطلق
نہ کوئی تیرا ثانی ہے نہ کوئی مشترک تیرا

جمالِ احمدؐ و یوسفؑ کو رونق تو نے بخشی ہے
ملاحت تجھ سے شیریں، حسنِ شیریں میں نمک تیرا

ترے فیضِ کرم سے نار و نور آپس میں یک دل ہیں
ثناگر یک زباں ہر ایک ہے جن و ملک تیرا

کسی کو کیا خبر کیوں خیر و شر پیدا کیے تو نے
کہ جو کچھ ہے خدائی میں وہ ہے بے ریب و شک تیرا

نہ جلتا طور کیوں کر کس طرح موسیٰ نہ غش آتے
کہاں یہ تاب و طاقت جلوہ دیکھے مردمک تیرا

دعا یہ ہے کہ وقتِ مرگ اس کی مشکل آساں ہو
زباں پر داغؔ کے نام آئے یارب یک بہ یک تیرا

حمد

اللہ رے مرتبہ مرے عجز و نیاز کا
گویا جواب ہے یہ ترے کبر و ناز کا

دے مجھ کو داغِ عشق کہ احسان مان لوں
اس دردِ جاں فزا و غمِ دل نواز کا

کھا کھا کے رشک تیرے شہیدانِ عشق سے
غم کھا نہ جائے خضر کو عمرِ دراز کا

بگڑے ہوئے بھی تیغِ حقیقت کے زخم زخم
ہنس ہنس کے منہ چڑھاتے ہیں عشقِ مجاز کا

گو مہرِ لب ہے حکم ترا اس کا کیا علاج
دل بولتا ہے خود بہ خود آگاہِ راز کا

عالم تمام چشمِ حقیقت نگر بنا
منہ دیکھتا ہے آئینہ آئینہ ساز کا

یوسف کو چاہ میں تو مسیحا کو چرخ پر
عالم دکھا دیا ہے نشیب و فراز کا

ہر چند راہِ کعبہ و بت خانہ ایک ہے
اے راہ رو ہے کام یہاں امتیاز کا

جل جل کے تیرے عشق میں گھل جائیں استخواں
مانندِ شمع لطف ہے سوز و گداز کا

ناکامیِ دوام بھی ہو عیشِ جاوداں
ایسا اسیر ہوں ہوس و حرص و آز کا

دنیا بھی اک بہشت ہے اللہ رے کرم
کن نعمتوں کو حکم دیا ہے جواز کا

رُتبے سے میرے، قیصر و سنجر کو رتبہ کیا
میں ہوں غلام شاہِ عراق و حجاز کا

مجھ کو نہ کیوں کر اس کی غلامی سے فخر ہو
محمود ایک بردہ ہے جس کے ایاز کا

کونین جس کے ناز سے چکرا رہے ہیں داغؔ
میں ہوں نیاز مند اُسی بے نیاز کا

نعت

نہ ہو کیوں کر افضل ہمارا محمدؐ
کہ ہے اپنے پیارے کا پیارا محمدؐ

الٰہی یہ محشر میں ہم کہتے جائیں
کہاں ہے کہاں ہے ہمارا محمدؐ

وہیں کشتی نوحؑ بھی ڈوب جاتی
نہ دیتے جو اس کو سہارا محمدؐ

ابھی فرش سے عرش مل جائے جھک کر
کریں گر طلب کا اشارا محمدؐ

یہی بات عاشق نے معشوق سے کی
نہیں تیری فرقت گوارا محمدؐ

کہیں گے یہی اُس شہِ انبیا سے
وہاں ہوں گے جب آشکارا محمدؐ

نعت

آپ کی شان ہے کیا شان رسولِ عربیؐ
آپ پر جان بھی قربان رسولِ عربیؐ

کس نے یہ مرتبہ پایا ہے، ہوا کس کو عروج
ہوے اللہ کے مہمان رسولِ عربیؐ

ہے قیامت میں اسے کون بچانے والا
تم ہو امت کے نگہبان رسولِ عربیؐ

ہے وہی حکمِ خداوندِ تعالیٰ بے شک
جو ہوا آپ کا فرمان رسولِ عربیؐ

آپ کا مرتبہ ہے حضرتِ آدم سے بلند
کوئی ایسا نہیں انسان رسولِ عربیؐ

آپ کے نام کا کلمہ ہے مسلمان کی جان
ہے یہ دین دار کا ارمان رسولِ عربیؐ

خانہ ویران بھی ہوں بے سروسامان بھی ہوں
کوئی بنتا نہیں سامان رسولِ عربیؐ

میں گنہگار ہوں ایسا کہ دعا کرتے بھی
دل میں ہوتا ہے پشیمان رسولِ عربیؐ

اپنی امت کے نگہبان ہیں کونین میں آپ
آپ کا حق ہے نگہبان رسولِ عربیؐ

مجھ کو انجام کی ہے فکر کہ کیا ہونا ہے
گم ہیں اس خوف سے اوسان رسولِ عربیؐ

آئینہ خانے کی صورت ہے یہ حیرت خانہ
آدمی کیوں نہ ہو حیران رسولِ عربیؐ

میں گرفتارِ غم و رنج رہوں گا کب تک
میری مشکل کرو آسان رسولِ عربیؐ

نیک کاموں میں شب و روز بسر ہو میری
رات دن ہے یہی ارمان رسولِ عربیؐ

آپ کا رتبہ ہے ایسا کہ جنابِ جبرئیلؑ
آپ کے در کے ہیں دربان رسولِ عربیؐ

میر محبوب علی خاں کو ملے عمر دراز
ہے دعا داغؔ کی ہر آن رسولِ عربیؐ

☆

ثباتِ بحرِ جہاں میں اپنا فقط مثالِ حباب دیکھا
نہ جوش دیکھا، نہ شور دیکھا، نہ موج دیکھی، نہ آب دیکھا

ہماری آنکھوں نے بھی تماشا عجب عجب انتخاب دیکھا
برائی دیکھی، بھلائی دیکھی، عذاب دیکھا، ثواب دیکھا

نہ دل ہی ٹھہرا، نہ آنکھ جھپکی، نہ چین پایا، نہ خواب آیا
خدا دکھائے نہ دشمنوں کو جو دوستی میں عذاب دیکھا

طرب میں ہے جس سے جان محزوں اسی کو گردش، وہی ہے پُرخوں
کہ چرخ زن مثل دورِ گردوں مدام جامِ شراب دیکھا

پڑے ہوئے تھے ہزار پردے کلیم دیکھو تو جب بھی غش تھے
ہم اُس کی آنکھوں کے صدقے جس نے وہ جلوہ یوں بے حجاب دیکھا

جو راہ میں تیری آ کے بیٹھے وہ فکرِ دیر و حرم سے چھوٹے
کہ تیرے کوچے کے ساکنوں نے بہشت میں بھی عذاب دیکھا

یہ دل تو اے عشق گھر ہے تیرا کہ جس کو تو نے بگاڑ ڈالا
مکاں سے تا لامکاں جو دیکھا تجھی کو خانہ خراب دیکھا

سرورِ عیش و نشاط کیسی بدل گئے رنگ ہی جہاں کے
سنا نہ کانوں سے تھا جو ہم نے وہ آنکھ سے انقلاب دیکھا

جو تجھ کو پایا تو کچھ نہ پایا یہ خاکداں ہم نے خاک پایا
جو تجھ کو دیکھا تو کچھ نہ دیکھا تمام عالم خراب دیکھا

شرابِ غفلت سے داغؔ غش تھے دکھائے غفلت نے کیا تماشے
کہ سوتے سوتے جو چونک اُٹھے مگر کوئی تم نے خواب دیکھا

اس بزم میں شریک تو جایا نہ جائے گا
میں جاؤں گا اگر مرا سایا نہ جائے گا

دل لے کے اُس کی بزم میں جایا نہ جائے گا
یہ مدعی بغل میں چھپایا نہ جائے گا

اے حشر امتیاز کہ ہم ہیں شہید ناز
مُردوں کی طرح ہم کو اُٹھایا نہ جائے گا

دل کیا ملاؤ گے کہ ہمیں ہو گیا یقیں
تم سے تو خاک میں بھی ملایا نہ جائے گا

جو دل دِکھا رہا ہے مزا ہر گھڑی مجھے
آنکھوں سے سو برس بھی دکھایا نہ جائے گا

دشمن کے آگے سر نہ جھکے گا کسی طرح
یہ آسماں زمیں سے ملایا نہ جائے گا

فتنہ نہیں ہوں جس کو اُٹھایا کرے فلک
مجھ سے گرے ہوئے کو اُٹھایا نہ جائے گا

زلفیں نہیں کہ شانے سے آراستہ کیا
بگڑا ہوا مزاج بنایا نہ جائے گا

اے داغؔ تجھ کو رزق کی خواہش ہے چرخ سے
اتنا یہ غم کھلائے گا کھایا نہ جائے گا

☆

کی ترک مے تو مائلِ پندار ہو گیا
میں توبہ کر کے اور گنہگار ہو گیا

اُس کی طرف سے دل نہ پھرے گا کہ ناصحو!
اب ہو گیا یہ جس کا طرفدار ہو گیا

کس کس کی چاہ کیجیے کس کس کی آرزو
اک دل ہزار غم میں گرفتار ہو گیا

محشر میں کون ہو گا کرم کا ترے گواہ
گر غیر بھی ہمارا طرفدار ہو گیا

وہ فتنہ جس کا حشر پر اُٹھنا ہے منحصر
ہر بار تیری چال سے بیدار ہو گیا

اک حرفِ آرزو پہ وہ مجھ سے خفا ہوئے
اتنی سی بات کہہ کے گنہگار ہو گیا

اے دل مرے خیال میں تیرا ہے مدّعا
تو اے رقیب کب سے مرا یار ہو گیا

جس کی بغل میں شب کو وہ ہو اُس کو دیکھیے
جس وقت آنکھ کھل گئی دیدار ہو گیا

اے داغؔ کیا بتائیں محبت میں کیا ہوا
بیٹھے بٹھائے جان کو آزار ہو گیا

☆

غم کو میں عشق میں غمخوارِ دل و جاں سمجھا
رنج کو راحت اور آزار کو درماں سمجھا

اور بھی آگ سوا عشق کی بھڑکی تہِ خاک
میں صبا کو جو تری جنبشِ داماں سمجھا

منع مجھ کو ہی کیا رات کو مجھ سے ہی کہا
میں گدا بن کے گیا در پہ وہ درباں سمجھا

چاہتا ہوں کہ نکل جائے کہیں سینے سے
دل کو میں ہجر میں تیرے کوئی ارماں سمجھا

کچھ تو تھی بات کہ ناصح کی نہ مانی کچھ بات
کچھ تو سمجھا جو نہ کچھ یہ دلِ ناداں سمجھا

سہل ہونا مری مشکل کا بہت مشکل ہے
کام دشوار وہ نکلا جسے آساں سمجھا

جان کر چاک کیے میں نے وہ دیوانہ ہوں
جیب کو جیب، گریباں کو گریباں سمجھا

وصل کا وعدہ اشارے سے کہیں ہوتا ہے
میں ترے سر کی قسم کچھ نہ مری جاں سمجھا

نہیں جانے کا یہاں سے کہیں ہرگز اے داغؔ
کوچۂ یار کو میں روضۂ رضواں سمجھا

نہ آیا نامہ بر اب تک گیا تھا کہہ کے اب آیا
الٰہی کیا ستم ٹوٹا، خدایا کیا غضب آیا

رہا مقتل میں بھی محروم آبِ تیغِ قاتل سے
یہ ناکامی کہ میں دریا پہ جا کر تشنہ لب آیا

غضب ہے جن پہ دل آئے کہیں انجان بن کر وہ
کہاں آیا، کدھر آیا، یہ کیوں آیا، یہ کب آیا

شروعِ عشق میں گستاخ تھے اب ہیں خوشامد گو
سلیقہ بات کرنے کا نہ جب آیا، نہ اب آیا

نوشتہ میرا بے معنی تو دل بے مدّعا میرا
مگر اس عالمِ اسباب میں، میں بے سبب آیا

بسر کیونکر کریں گے خلد میں ہم واعظِ ناداں
ہمارے جدِ امجد کو نہ واں رہنے کا ڈھب آیا

وہ ارماں حسرتیں جس کی اگر نکلا تو کب نکلا
وہ جلوہ خواہشیں جس کی نظر آیا تو کب آیا

ابھی اپنی جفا کو کھیل ہی سمجھا ہے تو ظالم
کہ جینے پر نہ آیا میرے مرنے پر عجب آیا

گیا جب داغؔ مقتل میں کہا خوش ہو کے قاتل نے
مرا آفت نصیب آیا، مرا ایذا طلب آیا

غضب کیا ترے وعدے پر اعتبار کیا
تمام رات قیامت کا انتظار کیا

یہ کس نے جلوہ ہمارے سرِ مزار کیا
کہ دل سے شور اُٹھا ہائے بیقرار کیا

سنا ہے تیغ کو قاتل نے آبدار کیا
اگر یہ سچ ہے تو بے شبہ ہم پہ وار کیا

نہ آئے راہ پہ وہ عجز بے شمار کیا
شبِ وصال بھی میں نے تو انتظار کیا

تجھے تو وعدۂ دیدار ہم سے کرنا تھا
یہ کیا کیا کہ جہاں کو اُمیدوار کیا

ملی جو یار کی شوخی سے اُس کی بے چینی
تمام رات دلِ مضطرب کو پیار کیا

نہ اُس کے دل سے مٹایا کہ صاف ہو جاتا
صبا نے خاک پریشاں مرا غبار کیا

ہم ایسے محوِ نظارہ نہ تھے جو ہوش آتا
مگر تمہارے تغافل نے ہوشیار کیا

ہمارے سینے میں کچھ رہ گئی تھی آتشِ ہجر
شبِ وصال بھی اُس کو نہ ہمکنار کیا

رقیب و شیوۂ اُلفت خدا کی قدرت ہے
وہ اور عشق بھلا تم نے اعتبار کیا

زبانِ خار سے نکلی صدائے بسم اللہ
جنوں کو جب سرِ شوریدہ پر سوار کیا

تری نگہ کے تصور میں ہم نے اے قاتل
لگا لگا کے گلے سے چھری کو پیار کیا

غضب تھی کثرتِ محفل کہ میں نے دھوکے میں
ہزار بار رقیبوں کو ہمکنار کیا

نہ پوچھ دل کی حقیقت مگر یہ کہتے ہیں
وہ بیقرار رہے جس نے بیقرار کیا

جب اُن کو طرزِ ستم آ گئی تو ہوش آیا
بُرا ہو دل کا بُرے وقت ہوشیار کیا

فسانۂ شبِ غم اُن کو اک کہانی تھی
کچھ اعتبار کیا، کچھ نہ اعتبار کیا

اسیریِ دلِ آشفتہ رنگ لا کے رہی
تمام طرّۂ طرار تار تار کیا

کچھ آگے داورِ محشر سے ہے اُمید مجھے
کچھ آپ نے مرے کہنے کا اعتبار کیا

وہ بات کر جو کبھی آسماں سے ہو نہ سکے
ستم کیا تو بڑا تو نے افتخار کیا

بنے گا مہرِ قیامت بھی ایک خالِ سیاہ
جو چہرہ داغؔ سیہ رو نے آشکار کیا

☆

اے عشق سن نہ لے کہیں فرہاد یہ صدا
تیشہ پکارتا ہے کہ میں کوہکن ہوا

تن تن کے دیکھتے ہیں مجھے غیر بار بار
میں انجمن میں آئنۂ انجمن ہوا

آئینہ دیکھ دیکھ کے دو مجھ کو گالیاں
تم کو بھی تو یقیں ہو کہ پیدا دہن ہوا

کوسوں تک اُلٹے پاؤں چلا آہ میں غریب
جب تک مری نظر سے نہ پنہاں چمن ہوا

اے عندلیب! تجھ سے تو یہ بھی نہ ہو سکا
دل داغؔ کھا کے کچھ نہ ہوا تو چمن ہوا

آتے ہیں بخیہ گر کو یہ قطع و برید کب
دستِ جنوں سے ٹھیک مرا پیرہن ہوا

جب وہ کلام کرتے ہیں منہ دیکھتی ہے خلق
اُٹھتی ہیں انگلیاں کہ وہ پیدا دہن ہوا

جس لب کو حرفِ وعدہ نزاکت سے بار تھا
سنتا ہوں آج میں کہ وہ پیمان شکن ہوا

ہاتھوں سے جو بچے تری باتوں سے مر گئے
چٹکی میں تھا جو تیر وہ لب پر سخن ہوا

وہ اور ہیں جو پیتے ہیں موسم کو دیکھ کر
آتی رہی بہار میں توبہ شکن ہوا

ایمان کچھ وضو تو نہیں ہے کہ ٹوٹ جائے
اے شیخ! کیا ہوا جو میں توبہ شکن ہوا

مجنوں! دلِ رمیدہ کی تاثیر دیکھ لے
وحشت سے تیری ناقۂ لیلیٰ ہرن ہوا

مسجد قریب بتکدہ کیا بے چراغ تھی
شب کو امام شیخ کا اک برہمن ہوا

تہمت نہ رکھ خدا کے لیے مجھ پہ زاہدا
کب میں نے توبہ کی تھی جو توبہ شکن ہوا

چھیڑا جو اے جنوں اُسے تو نے تو جان لے
تیرے گلے کا ہار مرا پیرہن ہوا

لکھا ہوا ہے پیرِ مغاں کی کتاب میں
لاکھوں میں داغؔ ایک ہی توبہ شکن ہوا

آئینہ تصویر کا تیری نہ لے کر رکھ دیا
بوسہ لینے کے لیے کعبے میں پتھر رکھ دیا

ہم نے اُن کے سامنے پہلے تو خنجر رکھ دیا
پھر کلیجہ رکھ دیا، دل رکھ دیا، سر رکھ دیا

قطرۂ خونِ جگر سے کی تواضع عشق کی
سامنے مہمان کے جو تھا میسر رکھ دیا

منصفی ہو تو غضب، نامنصفی ہو تو ستم
اُس نے میرا فیصلہ موقوف مجھ پر رکھ دیا

نامہ بر کہتا ہے مجھ سے کیا کرامت ہے تمہیں
جو وہ لکھتے وہ بھی تم نے خط میں لکھ کر رکھ دیا

سن لیا ہے پاس حوروں کے پہنچتے ہیں شہید
اس لیے لاشے پہ میرے اس نے پتھر رکھ دیا

شوق بھی ہے، وہم بھی ہے، کیا کروں اے نامہ بر!
کل جو لکھا کاٹ کر وہ آج دفتر رکھ دیا

کہتے ہیں بوے وفا آتی ہے اُن پھولوں سے آج
دل جو ہم نے لالہ و گل میں ملا کر رکھ دیا

قتل کو میرے مری حسرت ادا تیری نہ تھی
نام اک لوہے کے ٹکڑے کا جو خنجر رکھ دیا

کل چھڑا لیں گے یہ زاہد آج تو ساقی کے ہاتھ
رہن اک چلّو پہ ہم نے حوضِ کوثر رکھ دیا

آتشِ دوزخ پہ ہو گا آتشِ تر کا گماں
گر کسی میکش نے اپنا دامنِ تر رکھ دیا

ذبح کرتے ہی مجھے قاتل نے دھوئے اپنے ہاتھ
اور خون آلود خنجر غیر کے گھر رکھ دیا

زندگی میں پاس سے دم بھر نہ ہوتے تھے جدا
قبر میں تنہا مجھے یاروں نے کیونکر رکھ دیا

دیکھیے اب ٹھوکریں کھاتی ہے کس کس کی نگاہ
روزنِ دیوار میں ظالم نے پتھر رکھ دیا

شام ہی سے لوٹتا ہے مجھ کو انگاروں پر آج
اس لیے میں نے الگ تہ کر کے بستر رکھ دیا

تیرے مژگاں کے تصور نے دلِ بیتاب میں
ایک ترکش رکھ دیا، اک گنجِ نشتر رکھ دیا

کعبہ کیسا خلد میں لے جائیں تیرا سنگِ در
اتنی منت ہے کہ یاں سے واں اُٹھا کر رکھ دیا

زلف خالی، ہاتھ خالی، کس جگہ ڈھونڈیں اُسے
تم نے دل لے کر کہاں اے بندہ پرور رکھ دیا

داغؔ کی شامت جو آئی اضطرابِ شوق میں
حالِ دل کمبخت نے سب اُن کے منہ پر رکھ دیا

☆

عجب اپنا حال ہوتا جو وصالِ یار ہوتا
کبھی جان صدقے ہوتی، کبھی دل نثار ہوتا

کوئی فتنہ تا قیامت نہ پھر آشکار ہوتا
ترے دل پہ کاش ظالم مجھے اختیار ہوتا

جو تمہاری طرح تم سے کوئی جھوٹے وعدے کرتا
تمہی منصفی سے کہہ دو تمہیں اعتبار ہوتا

غمِ عشق میں مزا تھا جو اسے سمجھ کے کھاتے
یہ وہ زہر ہے کہ آخر مئے خوشگوار ہوتا

یہ مزا تھا دل لگی کا کہ برابر آگ لگتی
نہ تجھے قرار ہوتا، نہ مجھے قرار ہوتا

نہ مزا ہے دشمنی میں، نہ ہے لطف دوستی میں
کوئی غیر غیر ہوتا کوئی یار یار ہوتا

ترے وعدے پر ستمگر ابھی اور صبر کرتے
اگر اپنی زندگی کا ہمیں اعتبار ہوتا

یہ وہ دردِ دل نہیں ہے کہ ہو چارہ ساز کوئی
اگر ایک بار مٹتا تو ہزار بار ہوتا

گئے ہوش تیرے زاہد جو وہ چشمِ مست دیکھی
مجھے کیا اُلٹ نہ دیتی جو نہ بادہ خوار ہوتا

مجھے مانتے سب ایسا کہ عدو بھی سجدے کرتے
درِ یار کعبہ بنتا جو مرا مزار ہوتا

تمھیں ناز ہو نہ کیونکر کہ لیا ہے داغؔ کا دل
یہ رقم نہ ہاتھ لگتی، نہ یہ افتخار ہوتا

خاطر سے یا لحاظ سے میں مان تو گیا
جھوٹی قسم سے آپ کا ایمان تو گیا

دل لے کے مفت کہتے ہیں کچھ کام کا نہیں
اُلٹی شکایتیں ہوئیں، احسان تو گیا

ڈرتا ہوں دیکھ کر دلِ بے آرزو کو میں
سنسان گھر یہ کیوں نہ ہو مہمان تو گیا

کیا آئے راحت، آئے جو کنجِ مزار میں
وہ ولولہ، وہ شوق، وہ ارمان تو گیا

دیکھا ہے بتکدے میں جو اے شیخ! کچھ نہ پوچھ
ایمان کی تو یہ ہے کہ ایمان تو گیا

افشائے رازِ عشق میں گو ذلتیں ہوئیں
لیکن اسے جتا تو دیا، جان تو گیا

گو نامہ بر سے خوش نہ ہوا پر ہزار شکر
مجھ کو وہ میرے نام سے پہچان تو گیا

بزمِ عدو میں صورتِ پروانہ دل مرا
گو رشک سے جلا، ترے قربان تو گیا

ہوش و حواس و تاب و تواں داغؔ جا چکے
اب ہم بھی جانے والے ہیں سامان تو گیا

☆

دوست دشمن کو ترے ناز نے اکثر مارا
ایک ہی وار میں دونوں کو برابر مارا

پاس آنے نہ دیا آہِ شرر افشاں نے
دور سے پھینک کے جلاد نے خنجر مارا

طائرِ نامہ بر اپنا تو نہ ہو اے تقدیر
آج سنتا ہوں کوئی اُس نے کبوتر مارا

اے محبت دلِ آشفتہ کا سودا دیکھا
اُس کی زلفوں سے لیا اور مرے سر مارا

قلزمِ عشق میں ہے گوہرِ مقصود اے دل
تو نے غوطہ نہ کبھی اِس میں شناور مارا

یہ ستم طرفہ ستم ہے کہ تڑپتا ہی رکھا
جان سے تو نے کسی کو نہ ستمگر مارا

چشمِ کافر کی رہی بحث لبِ جاناں سے
کہ مرے مُردے کو سو بار جلا کر مارا

ستمِ چرخ نے مارا ہے یہ ظاہر ہو جائے
اس لیے اُڑ کے مری خاک نے چکر مارا

مارنا دل کا سمجھتا ہوں جہادِ اکبر
وہی غازی ہے بڑا جس نے یہ کافر مارا

سخت جانی سے یقیں تھا نہ مرے مرنے کا
موت سے پوچھتے ہیں وہ اسے کیونکر مارا

رہ گئی قتل گہِ عام میں عزت میری
آج قاتل نے مجھے لاکھ میں چن کر مارا

مدعی کوئی بھی میدانِ سخن میں نہ رہا
تو نے کیا معرکہ اے داغؔ سخن ور مارا

☆

ڈالتے ہو کیوں دوپٹے کا تم آنچل دوش پر
بار ہے پہلے ہی گیسوے مسلسل دوش پر

پہلے افعی تھیں وہ زلفیں اب ہوئیں مارِ سیاہ
آئیں اب زیرِ کمر رہتی تھیں اوّل دوش پر

یہ سنا تھا آج میں نے آپ نے کھینچی تھی تیغ
جیسے گردن کو مری بھاری ہے پل پل دوش پر

شاخِ گل پر کچھ نظر کیجیے کہ سنبل کی طرف
دیکھیے اُس کی کمر یا زلف کا بل دوش پر

میکدے سے ہم چلے بیہوش ہو کر اِس طرح
ہاتھ میں رکھا خُمِ مے اور بوتل دوش پر

کشتگانِ ابروئے پُرخم کی دلوا دو نیاز
تم نے رکھی ہے کماں اوّل ہی اوّل دوش پر

لے گئے ہیں آج تو اے داغؔ وہ سینے سے دل
سر سلامت آپ پائیں گے نہیں کل دوش پر

☆

دیکھا نہ ہم نے رشک سے اغیار کی طرف
منہ پھیر بیٹھے بزم میں دیوار کی طرف

اے دل خوشا وہ دل جو پھرے یار کی طرف
دونوں جہاں ہیں ایسے طرفدار کی طرف

وہ دیکھتے ہیں بزم میں اغیار کی طرف
میں دیکھتا ہوں چرخِ ستمگار کی طرف

سیل سرشک اپنے ہی گھر میں بہائیں گے
کیوں جائے یہ بلا تری دیوار کی طرف

بیٹھے بٹھائے آئی جو شامت تو کیا علاج
دل نے کہا کہ آؤ چلیں یار کی طرف

شوخی سے دیکھنا نہیں آتا ابھی انہیں
غرفے سے جھانک لیتے ہیں بازار کی طرف

جادو کیا رقیب پر اُس نے تو کیا کیا
دیکھو تم اپنی چشمِ فسوں کار کی طرف

بے کس رہیں گے حشر میں کب مجرمانِ عشق
رحمت کہے گی ہم ہیں گنہگار کی طرف

چاہی تھی داد ہم نے دلِ صاف کی مگر
آئینہ ہو گیا ترے رخسار کی طرف

تصویر کو بھی اُس کی یہاں تک غرور ہے
دیکھے کبھی نہ طالبِ دیدار کی طرف

تقصیر مے فروش کی اے محتسب نہیں
یہ چیز اُڑ کے جاتی ہے میخوار کی طرف

آتا نہیں قریب کوئی دور دور سے
اُٹھتی ہیں انگلیاں ترے غمخوار کی طرف

چلتے نہیں وہ شرم سے نیچی نظر کیے
آنکھیں لگی ہیں شوخیِ رفتار کی طرف

دی جان کس خوشی سے تہِ تیغ داغؔ نے
لب پر تبسم اور نظر یار کی طرف

☆

مجھ سا نہ دے زمانے کو پروردگار دل
آشفتہ دل، فریفتہ دل، بیقرار دل

ہر بار مانگتی ہیں نیا چشمِ یار دل
اک دل کے کس طرح سے بناؤں ہزار دل

مشہور ہو گئی ہے زیارت شہید کی
خون گشتہ آرزو کا بنا ہے مزار دل

یہ صید گاہِ عشق ہے ٹھہرایئے نگاہ
صیاد مضطرب سے نہ ہو گا شکار دل

طوفانِ نوح بھی ہو تو مل جائے خاک میں
اللہ رے غبار ترا پر غبار دل

پوچھا جو اُس نے طالبِ روزِ جزا ہے کون
نکلا مری زبان سے بے اختیار دل

کرتے ہو عہدِ وصل تو اتنا رہے خیال
پیمان سے زیادہ ہے ناپائیدار دل

تاثیرِ عشق یہ ہے تیرے عہدِ حسن میں
مٹی کا بھی بنائیں تو ہو بیقرار دل

اس کی تلاش ہے کہ نظر آئے آرزو
ظالم نے روز چاک کیے ہیں ہزار دل

پہلے پہل کی چاہ کا کیجیے نہ امتحاں
آنا تو سیکھ لے ابھی دو چار بار دل

نکلے مری بغل سے وہ ایسے تڑپ کے ساتھ
یاد آ گیا مجھے وہیں بے اختیار دل

اے عندلیب! تجھ کو لگی کب ہوائے عشق
کلیوں کی طرح تجھ میں نہ پھوٹے ہزار دل

عاشق ہوئے وہ جیسے عدو پر یہ حال ہے
رکھ رکھ کے ہاتھ دیکھتے ہیں بار بار دل

اُس نے کہا ہے صبر پڑے گا رقیب کا
لے اور بے قرار ہو اے بے قرار دل

بیتاب ہو کے بزم سے اُس کی اُٹھا دیا
غافل میں ہوں مگر ہے بہت ہوشیار دل

مشہور ہیں سکندر و جم کی نشانیاں
اے داغؔ چھوڑ جائیں گے ہم یادگار دل

کیا کیا فریب دل کو دیئے اضطراب میں
اُن کی طرف سے آپ لکھے خط جواب میں

شوخی نے تم کو ڈال دیا اضطراب میں
کچھ تمکنت کا لطف نہ دیکھا شباب میں

ہے پائیدار رشتہ عمر مسیح سے
میرا بھی تارِ جیب لگانا نقاب میں

کچھ شانِ مغفرت سے نہیں دور زاہدو!
ڈوبیں گناہ بادہ کشوں کے شراب میں

کیا جانیں کیا سکھائیں گے اُن کو صلاح کار
ہر روز گفتگو ہے نئی میرے باب میں

اے اہلِ حشر جمع ہیں یاں سب طرح کے لوگ
دو کچھ صلاح مجھ کو طبیعت کے باب میں

حوروں کا انتظار کرے کون حشر تک
مٹی کی بھی ملے تو روا ہے شباب میں

پیرِ مغاں کی دل شکنی کا رہا خیال
داخل ہوا ہوں توبہ سے پہلے ثواب میں

ہر وقت انتظارِ طلب میں ہیں مستعد
رہتا ہے ایک پاؤں ہمارا رکاب میں

گر وہ نہ آئیں گے تو اجل آئے گی ضرور
تسکیں ملی ہوئی ہے مرے اضطراب میں

جی چاہتا ہے چھیڑ کے ہوں اُس سے ہمکلام
کچھ تو لگے گی دیر سوال و جواب میں

دنیا کی باز پُرس سے اب تک نہیں نجات
اُلجھا ہوا ہوں حشر کے دن بھی حساب میں

کوئی گلہ کرے گا نہ غصے کی بات کا
کہنا ہو جو کسی کو وہ کہہ لو عتاب میں

رکھنا قدم تصورِ جاناں سنبھال کر
کائی ہے جابجا میری چشمِ پُر آب میں

اے شیخ! جو بتائے مئے عشق کو حرام
ایسے کے دو لگاؤ بھگو کر شراب میں

اے داغؔ کوئی مجھ سا نہ ہو گا گناہ گار
ہے معصیت سے میری، جہنم عذاب میں

دل میں گھر یار کے پیکان کیے بیٹھے ہیں
مجھ پہ قبضہ مرے مہمان کیے بیٹھے ہیں

تیرے وعدے کے جو ارمان کیے بیٹھے ہیں
تین دن پہلے ہی سامان کیے بیٹھے ہیں

اللہ اللہ رے انہیں میری نظر سے پرہیز
کہ رقیبوں کو نگہبان کیے بیٹھے ہیں

اِس طرح بیٹھے ہیں سر کاٹ کے میرا سرِ بزم
مجھ پہ گویا کہ وہ احسان کیے بیٹھے ہیں

ایسی وحشت نہیں اپنی کہ ہو محتاجِ بہار
پہلے سے چاک گریبان کیے بیٹھے ہیں

مہندی ملنے کے بہانے ہیں عبث یوں کہیے
آج اغیار سے پیمان کیے بیٹھے ہیں

دیکھ اے دشمنِ ایماں کہ وفا پر تیری
کس قدر صبر مسلمان کیے بیٹھے ہیں

دیکھیے کون گرفتارِ بلا ہوتا ہے
آج وہ زلف پریشان کیے بیٹھے ہیں

اب ہے کیا ہم میں جو لے گی نگہ ناز تری
پہلے ہی جان کا نقصان کیے بیٹھے ہیں

حسرت و یاس وتمنا کے لیے اک دل تھا
ہم اُسے پہلے ہی ویران کیے بیٹھے ہیں

حضرتِ داغؔ کو پھر کیا کہیں وحشت اچھی
آج گھر کو جو بیابان کیے بیٹھے ہیں

ہم تری بزم سے اے یار چلے جاتے ہیں
لے چلے جاتے ہیں، ناچار چلے جاتے ہیں

اُس کا کوچہ ہے کہ ہے عرصۂ محشر یارب
سیکڑوں طالبِ دیدار چلے جاتے ہیں

حضرتِ دل کی قضا آئی ہے اُس کوچے میں
کہ یہ دوڑے ہوئے ہر بار چلے جاتے ہیں

مرضِ عشق سے بگڑا ہوں کچھ ایسا کہ مجھے
دور سے دیکھ کے غمخوار چلے جاتے ہیں

منتظر دیر سے ہیں جلوہ دکھا دے ظالم
ورنہ یہ طالبِ دیدار چلے جاتے ہیں

اِس طرح جاتے ہیں اُس بزم میں دل کے ہاتھوں
کہ بندھے جیسے گنہگار چلے جاتے ہیں

گرچہ سو سو ہیں تغافل کہ نہ جانے کوئی
ان نگاہوں کے مگر وار چلے جاتے ہیں

ہم نہیں جانتے ہیں دیر و حرم کا رستہ
ہم مئے عشق میں سرشار چلے جاتے ہیں

بھول کر راہ چلے آئے ہیں للہ بخشو!
ہم خطا وار و گنہ گار چلے جاتے ہیں

داغؔ اِس ضعف نے کی اپنی تو منزل کھوٹی
ہم رہے جاتے ہیں سب یار چلے جاتے ہیں

باغ میں گل کھلے جاتے ہیں کہ وہ آتے ہیں
انگلیاں سرو اُٹھاتے ہیں کہ وہ آتے ہیں

جانِ مشتاق مری آنکھوں میں آ جاتی ہے
یار جب مژدہ سناتے ہیں کہ وہ آتے ہیں

دیر قاصد کو لگی اے دلِ مشتاقِ جمال
دیکھیے ہم کو بلاتے ہیں کہ وہ آتے ہیں

سیکڑوں دو قدم آگے ہیں جلو میں فتنے
ساتھ اک حشر کو لاتے ہیں کہ وہ آتے ہیں

ساتھ دشمن کے وہ کیا آئے قیامت آئی
خاک میں ہم کو ملاتے ہیں کہ وہ آتے ہیں

دل وجاں پاس سے جاتے ہیں کہ وہ جاتے ہیں
صبر و ہوش و خرد آتے ہیں کہ وہ آتے ہیں

نہیں منظور جو بچنا تو دمِ چارہ گری
ہم مسیحا کو ڈراتے ہیں کہ وہ آتے ہیں

کون آتا ہے بُرے وقت کسی پاس اے داغؔ
لوگ دیوانہ بناتے ہیں کہ وہ آتے ہیں

جلوے مری نگاہ میں کون و مکاں کے ہیں
مجھ سے کہاں چھپیں گے وہ ایسے کہاں کے ہیں

کھلتے نہیں ہیں راز جو سوزِ نہاں کے ہیں
کیا پھوٹنے کے واسطے چھالے زباں کے ہیں

کرتے ہیں قتل وہ طلبِ مغفرت کے بعد
جو تھے دعا کے ہاتھ وہی امتحاں کے ہیں

جس دن سے کچھ شریک ہوئی میری مشتِ خاک
اُس روز سے زمیں پہ ستم آسماں کے ہیں

قاصد یہاں سے برق تھا پر نصف راہ سے
بیمار کی ہے چال، قدم ناتواں کے ہیں

بازو دکھائے تم نے لگا کر ہزار ہاتھ
پوری پڑے تو وہ بھی بہت امتحاں کے ہیں

ناصح کے سامنے کبھی سچ بولتا نہیں
میری زباں میں رنگ تمہاری زباں کے ہیں

کیسا جواب حضرتِ دل دیکھیے ذرا
پیغامبر کے ہاتھ میں ٹکڑے زباں کے ہیں

کیا اضطرابِ شوق نے مجھ کو خجل کیا
وہ پوچھتے ہیں کہیے ارادے کہاں کے ہیں

عاشق ترے عدم کو گئے کس قدر تباہ
پوچھا ہر ایک نے یہ مسافر کہاں کے ہیں

ہر چند داغؔ ایک ہی عیار ہے مگر
دشمن بھی تو چھٹے ہوئے سارے جہاں کے ہیں

☆

فلک دیتا ہے جن کو عیش اُن کو غم بھی ہوتے ہیں
جہاں بجتے ہیں نقارے وہاں ماتم بھی ہوتے ہیں

گلے شکوے کہاں تک ہوں گے آدھی رات تو گزری
پریشاں تم بھی ہوتے ہو، پریشاں ہم بھی ہوتے ہیں

جو رکھے چارہ گر کافور دونی آگ لگ جائے
کہیں یہ زخمِ دل شرمندۂ مرہم بھی ہوتے ہیں

وہ آنکھیں سامری فن ہیں وہ لب عیسیٰ نفس دیکھو
مجھی پر سحر ہوتے ہیں، مجھی پر دم بھی ہوتے ہیں

زمانہ دوستی پر ان حسینوں کی نہ اِترائے
یہ عالم دوست اکثر دشمنِ عالم بھی ہوتے ہیں

بظاہر رہنما ہیں اور دل میں بدگمانی ہے
ترے کوچے میں جو جاتا ہے آگے ہم بھی ہوتے ہیں

ہمارے آنسوؤں کی آبداری اور ہی کچھ ہے
کہ یوں ہونے کو روشن گوہرِ شبنم بھی ہوتے ہیں

خدا کے گھر میں کیا ہے کام زاہد بادہ خواروں کا
جنہیں ملتی نہیں وہ تشنۂ زمزم بھی ہوتے ہیں

نہیں گھٹتی شبِ فرقت ہے اکثر ہم نے دیکھا ہے
جو بڑھ جاتے ہیں حد سے وہ ہی گھٹ کر کم بھی ہوتے ہیں

بچاؤں پیرہن کیا چارہ گر میں دستِ وحشت سے
کہیں ایسے گریباں دامنِ مریم بھی ہوتے ہیں

طبیعت کی کجی ہرگز مٹائے سے نہیں مٹتی
کبھی سیدھے تمہارے گیسوئے پُرخم بھی ہوتے ہیں

جو کہتا ہوں کہ مرتا ہوں تو فرماتے ہیں مر جاؤ
جو غش آتا ہے تو مجھ پر ہزاروں دم بھی ہوتے ہیں

کسی کا وعدۂ دیدار تو اے داغؔ برحق ہے
مگر یہ دیکھیے دل شاد اُس دن ہم بھی ہوتے ہیں

ضعف سے بیمارِ اُلفت کیا سنبھالے ہاتھ پاؤں
اِس تپِ اعضا شکن نے توڑ ڈالے ہاتھ پاؤں

ہاتھ پکڑے مجھ کو کھینچے پھر سوئے دشتِ بلا
اے جنوں اب کر دیے تیرے حوالے ہاتھ پاؤں

صدقے ایسی قید کے، قربان اس زنجیر کے
وہ کہے یہ مجھ سے تب جانیں چھٹا لے ہاتھ پاؤں

آپ اور مجھ کو تہِ زانو دبا کر کیجیے ذبح
بیٹھے رہیے بس ہیں صاحب دیکھے بھالے ہاتھ پاؤں

خواہ باندھیں، خواہ جکڑیں ان کو زنجیروں میں وہ
ہم نے ان زلفوں کے ہاتھوں بیچ ڈالے ہاتھ پاؤں

درد سے ہو ہم اسیروں کی خبر کیونکر اُسے
صورتِ زنجیر کب کرتے ہیں نالے ہاتھ پاؤں

دوڑنے دو اپنی رہ میں پٹنے دو سر مجھے
ذبح سے پہلے ہی یہ مجرم تھکا لے ہاتھ پاؤں

سیکڑوں کو قتل، لاکھوں کو کیا ہے پائمال
یہ نکالے میری جاں تم نے نرالے ہاتھ پاؤں

ہاتھ اُلجھے جیب سے پھر پاؤں لپٹے خار سے
ہم نے زنداں سے نکلتے ہی نکالے ہاتھ پاؤں

سر سناں نے، سینہ خنجر نے، لیا ناوک نے دل
ہیں یہ تیری نذر اے تیغِ جفا لے ہاتھ پاؤں

ذبح کرتے ہیں یہی، پامال کرتے ہیں یہی
پھر بچائے رکھتے ہیں یہ حسن والے ہاتھ پاؤں

کر دیا ہے چُور ہم کو نشۂ اُلفت نے داغؔ
اب بھلا کوئی سنبھلتے ہیں سنبھالے ہاتھ پاؤں

☆

بے وجہ اجتناب نے رسوا کیا مجھے
ظالم ترے حجاب نے رسوا کیا مجھے

میں نے جو آہ کی تو کہا اُس نے غیر سے
اِس خانماں خراب نے رسوا کیا مجھے

کہہ دی ہے اُس نے نشے میں سب دل کی آرزو
اک ساغرِ شراب نے رسوا کیا مجھے

اُس بدگماں سے پوچھ کے تعبیر ہوں خجل
میرے بیانِ خواب نے رسوا کیا مجھے

محشر میں حالِ دل دمِ پُرسش کہے بتا
کیا کیا مرے جواب نے رسوا کیا مجھے

کچھ اُن کے مہر و لطف نے مشہور کر دیا
کچھ رنجش و عتاب نے رسوا کیا مجھے

اس زلفِ خم بہ خم نے کیا شہرہ آپ کا
اس دل کے پیچ و تاب نے رسوا کیا مجھے

اے داغؔ سب یہ حضرتِ دل کے سلوک ہیں
جو کچھ کیا جناب نے رسوا کیا مجھے

☆

کبھی کچھ درد رہتا ہے، کبھی کچھ سوز رہتا ہے
ہمارے دل پہ صدمہ اک نہ اک ہر روز رہتا ہے

نگاہیں اُن کی جادو سے قیامت ہوتی جاتی ہیں
الٰہی کون سا فتنہ سبق آموز رہتا ہے

دل اپنا چین سے رہتا نہیں اک آن پہلو میں
مگر دل میں تمہارا ناوکِ دلدوز رہتا ہے

جو میں ہوں عشق میں مضطر وہ ہے میرے لیے مضطر
زیادہ مجھ سے آشفتہ مرا دل سوز رہتا ہے

خوشی ہے عید ہے اغیار ہیں جلسے ہیں باغوں میں
وہاں تو رات دن نوروز ہی نوروز رہتا ہے

مصاحب ہے یہی اک ہجر میں اس کو خدا رکھے
مرا ہمدم، مرا مونس غمِ جانسوز رہتا ہے

رقیبِ روسیہ بھی رات بھر پھرتا ہے سرگرداں
خدا جانے کہاں وہ شمعِ شب افروز رہتا ہے

کبھی کچھ غم اُٹھایا ہو تو جانیں آپ کیا جانیں
کہ کس کس غم میں آلودہ یہ غم اندوز رہتا ہے

تصور میں کسی کے داغؔ نیند آتی نہیں مجھ کو
عجب بیدار اپنا طالعِ فیروز رہتا ہے

☆

کیا بھیڑ میکدے کے ہے در پر لگی ہوئی
پیاسو! سبیل ہے سرِ کوثر لگی ہوئی

یہ کس کی لو ہے اے دلِ مضطر لگی ہوئی
اک آگ سی ہے سینے کے اندر لگی ہوئی

دل کیا کھلے مرا کہ تری زلف کی طرح
مضبوط اک گرہ ہے گرہ پر لگی ہوئی

رکھے قدم سنبھل کے رہِ عشق میں وہی
آگے بھی جس کو ہو کبھی ٹھوکر لگی ہوئی

یوں کون جانے دردِ محبت کو ناصحا!
وہ جانے جس کے چوٹ ہو دل پر لگی ہوئی

یارب ہو دل کی خیر کہ بے ڈھب کچھ آجکل
ہے گھات میں نگاہِ ستمگر لگی ہوئی

گر زندگیِ خضر و مسیحا ہوئی تو کیا
ہے موت سب کے ساتھ مقرر لگی ہوئی

کوئی عدم سے آئے نہ اِس قید خانے میں
قیدِ حیات ساتھ نہ ہو گر لگی ہوئی

ناقوس بتکدے میں تو کعبے میں ہے اذاں
ہے یاد میرے دوست کی گھر گھر لگی ہوئی

واں گالیوں پہ منہ ہے ہمیشہ کھلا ہوا
یاں مہرِ خاموشی مرے لب پر لگی ہوئی

جب میں نے آہ کی ہے قیامت اُٹھائی ہے
آواز پر ہے شورشِ محشر لگی ہوئی

کیا دخل بے قراریِ دل سے جو اک طرف
کروٹ مری رہے سرِ بستر لگی ہوئی

ٹھہرے کبھی نہ اس صفِ مژگاں کے روبرو
ہو سامنے اگر صفِ محشر لگی ہوئی

تھوڑی نظر گزر کی ملے ہم کو ساقیا!
ہے اپنی تاک جانبِ ساغر لگی ہوئی

میں آشنا نہیں بتِ نا آشنا سے داغؔ
تہمت یہ مفت کی ہے مرے سر لگی ہوئی

پوچھتے ہیں وہ مری بات تو یوں پوچھتے ہیں
کہتے ہیں کون ہے تو کیا ہے حقیقت تیری

دیکھیے کرتی ہے رسوائے زمانہ کیا کیا
مجھ کو یہ چاہ مری، تجھ کو یہ صورت تیری

اب ترا اے دلِ بیتاب خدا حافظ ہے
کر چکے ہم تو محبت میں حفاظت تیری

کہنے دیتی نہیں کچھ منہ سے محبت تیری
لب پہ رہ جاتی ہے آ آ کے شکایت تیری

یاد سب کچھ ہیں مجھے ہجر کے صدمے ظالم
بھول جاتا ہوں مگر دیکھ کے صورت تیری

عدم آباد کو جاتے ہیں بشر خالی ہاتھ
مجھ کو ہے ناز کہ لے جاؤں گا حسرت تیری

یار غمخوار مرے حال کو سب پوچھتے ہیں
اور پھر پوچھ کے سب کہتے ہیں قسمت تیری

ہے رقیبوں کی زباں پر بھی ستم کا شکوہ
تو بھی مجبور ہے جاتی نہیں عادت تیری

کوچۂ یار میں بھی جی نہیں لگتا اے داغؔ
دیکھیے جائے گی کس روز یہ وحشت تیری

☆

نکال اب تیر سینے سے کہ جانِ پُر الم نکلے
جو یہ نکلے تو دل نکلے جو دل نکلے تو دم نکلے

تمنا وصل کی اک رات میں کیا اے صنم نکلے
قیامت تک یہ نکلے گر نہایت کم سے کم نکلے

خدا ہے حشر کے دن التجا تیری نہ مانوں میں
مرے منہ سے نہیں نکلے ترے منہ سے قسم نکلے

مرے دل سے کوئی پوچھے شبِ فرقت کی بے تابی
یہی فریاد تھی لب پر کہ یارب جلد دم نکلے

ہوئے مغرور وہ جب آہ میری بے اثر دیکھی
کسی کا اس طرح یارب نہ دنیا میں بھرم نکلے

مبارک ہو یہ گھر غیروں کو، تم کو، پاسبانوں کو
ہمارا کیا اجارہ ہے نکالا تم نے ہم نکلے

نہ اُٹھے مر کے بھی ایسے ترے کوچے میں ہم بیٹھے
محبت میں اگر نکلے تو ہم ثابت قدم نکلے

نہ گزرا بے خلش یادِ مژہ میں ایک دم ہم کو
کہ ڈوبے نشترِ غم دل سے جب خارِ الم نکلے

رہِ اُلفت کو اک سیدھا سا رستہ ہم نے جانا تھا
مگر دیکھا تو اِس رستے میں صدہا پیچ وخم نکلے

سمجھ کر رحمدل تم کو دیا تھا ہم نے دل اپنا
مگر تم تو بلا نکلے، غضب نکلے، ستم نکلے

نہ نکلا دل ہی سینے سے، نہ پیکاں ہی جدا نکلا
اگر نکلے تو دونوں آشنا ہو کر بہم نکلے

بُرا ہو اس محبت کا کہ اُس نے جان سے کھویا
لگا دل اس ستم گر سے اجل کا جس سے دم نکلے

دمِ پُرسش جو دیکھا اُس بت سفّاک کو مضطر
صفِ محشر سے دل پکڑے ہوئے گھبرا کے ہم نکلے

کہیں کیا دل میں کیا آیا کہیں کیا منہ سے کیا نکلا
کبھی جو چلتے پھرتے ہم سوئے بیت الصنم نکلے

گئے ہیں رنج وغم اے داغؔ بعدِ مرگ ساتھ اپنے
اگر نکلے تو یہ اپنے رفیقانِ عدم نکلے

بہم دشمن بھی یکجا ہوں تو اُلفت ہو ہی جاتی ہے
یہ ہے مل بیٹھنا ایسا محبت ہو ہی جاتی ہے

مصیبت گر کسی پر ہو مصیبت کا ہی خوگر ہو
اگر کیسا ہی مضطر ہو قناعت ہو ہی جاتی ہے

حیا گر منہ چھپاتی ہے، ادا پردہ اُٹھاتی ہے
یہ شوخی کب بٹھاتی ہے قیامت ہو ہی جاتی ہے

پری وش کوئی ایسا ہو کہ اُس پر دم نکلتا ہو
جو ثابت عشقِ اعدا ہو تو نفرت ہو ہی جاتی ہے

تجھے کب صبر اے بد خو کہوں کچھ گر کسی پہلو
ابھی قابو سے بے قابو طبیعت ہو ہی جاتی ہے

بھرا ہے رنج کا دفتر رکے کیونکر دلِ مضطر
جفائے یار کی اکثر شکایت ہو ہی جاتی ہے

نبھی ہے عمر بھر کس کی یہ ہے دل کی غلط فہمی
عداوت کیا نہیں ہوتی عداوت ہو ہی جاتی ہے

ہُوا کیا وصل سے حاصل حیا ہے درمیاں حائل
ہمارے واسطے نازل مصیبت ہو ہی جاتی ہے

نہ رکھ تو داغؔ کو نالاں سمجھ تو وہ بھی ہے انساں
کہ اِن باتوں سے اے ناداں کدورت ہو ہی جاتی ہے

☆

سودا ہے جو دل دے کے خریدار سے اُلجھے
سلجھے ہوئے ہم سے نہ کبھی یار سے اُلجھے

آنکھوں سے لڑے گیسوئے خم دار سے اُلجھے
یہ حضرتِ دل روز ہی دوچار سے اُلجھے

ہونے نہ دیا رشک نے اظہارِ تمنا
ہر بات میں ہم اپنی ہی گفتار سے اُلجھے

اُلجھاؤ سے اُلجھاؤ ہیں اِس عشق میں یارب
دلدار سے اٹکے تھے کہ اغیار سے اُلجھے

کیا سیر ہو شانے سے لڑے گر دلِ صد چاک
ایک ایک گرفتار گرفتار سے اُلجھے

اٹکے تو کسی چشمِ فسوں ساز سے اٹکے
اُلجھے تو کسی طرۂ طرار سے اُلجھے

کیوں آنکھ لڑی کیوں ہو یہ اِس دل کی حقیقت
آفت میں پھنسے مجھ سے رکے یار سے اُلجھے

آنے نہ دیا اُن کو تو شوخی نے مرے ساتھ
ہر گام پہ وہ تیزیِ رفتار سے اُلجھے

قاتل جو ذرا آنکھ چرا جاؤں تو پھروں
تارِ رگِ گردن تیری تلوار سے اُلجھے

محشر میں سزا عشق کے مجرم کو کہاں ہے
معلوم ہو جو تیرے گنہ گار سے اُلجھے

چوری سے بھی پہنچے نہ ترے گھر میں کبھی ہم
برسوں یونہی خارِ سرِ دیوار سے اُلجھے

کھلتے نہیں تم داغؔ اُلجھتی ہے طبیعت
اچھے کسی عیار سے، مکار سے اُلجھے

مجھے اے اہلِ کعبہ یاد کیا مے خانہ آتا ہے
اِدھر دیوانہ جاتا ہے اُدھر مستانہ آتا ہے

نہ دل میں غیر آتا ہے، نہ صاحب خانہ آتا ہے
نظر چاروں طرف ویرانہ ہی ویرانہ آتا ہے

تڑپتا لوٹتا اُڑتا جو بے تابانہ آتا ہے
یہ مرغِ نامہ بر آتا ہے یا پروانہ آتا ہے

مری مژگاں سے آنسو پوچھتا ہے کس لیے ناصح!
ٹپک پڑتا ہے خود جو اِس شجر میں دانہ آتا ہے

یہ آمد ہے کہ آفت ہے نگہ کچھ ہے، ادا کچھ ہے
الٰہی خیر مجھ سے آشنا بیگانہ آتا ہے

وہ نازک ہیں تو کیا اپنے سے خنجر پھر نہیں سکتا
تجھے کچھ ننگ بھی اے ہمتِ مردانہ آتا ہے

ترا کوچہ ہے وہ دارالشفا بیمارِ وحشت کو
پری آتی ہے بن جاتا ہے جو دیوانہ آتا ہے

دمِ تقریر نالے حلق میں چھریاں چبھوتے ہیں
زباں تک ٹکڑے ہو ہو کر مرا افسانہ آتا ہے

رخِ روشن کے آگے شمع رکھ کر وہ یہ کہتے ہیں
اُدھر جاتا ہے دیکھیں یا اِدھر پروانہ آتا ہے

جگر تک آتے آتے سو جگہ گرتا ہوا آیا
ترا تیرِ نظر آتا ہے یا مستانہ آتا ہے

کبھی چلنا، کبھی رکنا، کبھی ملنا، کبھی کھنچنا
ترے خنجر کو ہر اندازِ معشوقانہ آتا ہے

دغا، شوخی، شرارت، بے حیائی، فتنہ پردازی
تجھے کچھ اور بھی اے نرگسِ مستانہ آتا ہے

سکندر آئنے سے جام سے جم خوش نہ ہو اتنا
کوئی مے کش کو دیکھے ہاتھ جب پیمانہ آتا ہے

بھرے کچھ آنکھ میں آنسو، پڑے کچھ حلق میں چھالے
قفس میں یہ میسر مجھ کو آب و دانہ آتا ہے

وہی جھگڑا ہے فرقت کا، وہی قصہ ہے اُلفت کا
تجھے اے داغؔ کوئی اور بھی افسانہ آتا ہے

☆

مرے کوچے میں وہ کن شوخیوں سے جا بجا ٹھہرے
بڑھے، بڑھ کر تھمے، دم بھر چلے، چل کر ذرا ٹھہرے

تغافل کی نہ ٹھہرے آج قاتل فیصلہ ٹھہرے
نہیں تلوار تو فقرہ کوئی چلتا ہوا ٹھہرے

تسلی دل کو جو دیتے ہیں کیسے لوگ ہیں یارب
جگر ہی جب نہ ٹھہرے تو جگر پر ہاتھ کیا ٹھہرے

مسیح و خضر کو یکتا ہیں دونوں ہم تو جب جانیں
جو دل گرتا ہوا سنبھلے جو دم جاتا ہوا ٹھہرے

اُڑا جاتا ہے مطلب کیا لکھوں میں خط میں اے قاصد!
پریشانی ٹھہرنے دے تو دل میں مدّعا ٹھہرے

بہارِ بے خزاں دیکھی ہے کب تو نے دکھادیں ہم
جو اُس کی طبع میں اے باغباں رنگِ وفا ٹھہرے

گلہ جور و ستم کا حشر میں پھر عشق کا دعویٰ
مرا ذمہ ترے آگے جو کوئی بے خطا ٹھہرے

مری اُفتادگی نے آسماں پر مجھ کو پہنچایا
زمیں پر وہ نہ ٹھہرے جو تمہاری خاکِ پا ٹھہرے

وہی انسان پورا ہے اُسی کے ہم تو قائل ہیں
بھلوں میں جو بھلا ٹھہرے بُروں میں جو بُرا ٹھہرے

مزا چکھا نہیں دنیا کا زاہد تو نے دنیا میں
کبھی تو بادہ نوشی کی بھی اے مردِ خدا ٹھہرے

صبا تجھ کو تو غنچے چٹکیوں ہی میں اُڑا دیتے
جو نکہت خود ہو آوارہ تو ٹھہرائے سے کیا ٹھہرے

ابھی سامانِ آہ و نالہ و فریاد پیچھے ہے
قدم آگے نہ رکھے عرشِ اعلیٰ پر دعا ٹھہرے

تری آنکھیں ہیں اس نے تاک لیں اپنے ٹھہرنے کو
ٹھہرتی ہے اگر تو چشمِ دشمن میں حیا ٹھہرے

متاعِ شوق بھی ہے مایۂ اُلفت بھی رکھتے ہیں
اگر لیجیے تو کچھ سودا ہمارا آپ کا ٹھہرے

شبِ وعدہ جب اُن سے شکوۂ تاخیر کرتا ہوں
تو کہتے ہیں کہ ہم انسان کیا ٹھہرے ہوا ٹھہرے

رہا روزِ جزا کے بعد کا غم مجھ کو محشر میں
کہ دن کو تو یہ ٹھہرے رات کو کیا جانے کیا ٹھہرے

قسم ہے اس کی یہ مرضی نہیں اے داورِ محشر
کہ مجرم داغؔ ٹھہرے اور دشمن بے خطا ٹھہرے

☆

تیرے وعدے کو بتِ حیلہ جُو نہ قرار ہے نہ قیام ہے
کبھی شام ہے، کبھی صبح ہے، کبھی صبح ہے، کبھی شام ہے

مرا ذکر اُن سے جو آ گیا کہ جہاں میں ایک ہے باوفا
تو کہا کہ میں نہیں جانتا مرا دور ہی سے سلام ہے

رہیں کوئی دم جو لڑائیاں یوں ہی ان نگاہوں سے درمیاں
تو ہمارے دل کا بھی مہرباں کوئی پل میں قصہ تمام ہے

کبھی دیکھ تو سرِ رہ گزر کہ تڑپتے کتنے ہیں خاک پر
نہ چل ایسی چال تو فتنہ گر کوئی یہ بھی طرزِ خرام ہے

اسے آج دیکھ کے جلوہ گر مجھے آئی قدرتِ حق نظر
کہ یہ شمس ہے کہ یہ ہے قمر کہ وہ حور وش لبِ بام ہے

وہ ستم سے ہاتھ اُٹھائے کیوں وہ کسی کا دل نہ دُکھائے کیوں
کوئی اس میں مر ہی نہ جائے کیوں اسے اپنے کام سے کام ہے

ہوئیں مدتیں کہ نہیں خبر وہ کدھر ہیں اور ہیں ہم کدھر
نہ ہے نامہ بر، نہ پیامبر، نہ سلام ہے، نہ پیام ہے

دل و دیں کا جس کو نہ پاس ہو یہی نامراد ہے دیکھ لو
جسے داغؔ کہتے ہیں اے بُتو! اسی روسیاہ کا نام ہے

وہ قیامت توڑتے ہیں پوچھ کر کیا حال ہے
پُرسشِ دل بھی الٰہی پُرسشِ اعمال ہے

بدنصیبی کو نکلنا اس سے اک اشکال ہے
میری ماتھے کی لکیریں کس بلا کا جال ہے

راہ میں لیتا ہے تیرے تیر کو میرا جگر
پیشوائی نام اس کا ہے یہ استقبال ہے

جم گئی ہے آنکھ کی پتلی کسی مشتاق کی
میں نہ مانوں گا کہ عارض پر تمہارے خال ہے

داغِ عصیاں جذب کر لیتا ہے اشکِ شرم کو
دامن تر ہی مرا منہ پر مرے رومال ہے

خونِ دل رگ رگ سے پانی کی طرح بہنے لگا
سرخ آنسو کیا پسینہ تک ہمارا لال ہے

تجھ کو اے ناصح! خبر کیا عشق کے انجام کی
کوئی کاہن ہے، منجم ہے کہ تو رُمّال ہے

تنگ آئے ہیں دلِ بیمار سے بیمار دار
مجھ سے بدتر پوچھنے والوں کا میرے حال ہے

پس گئے ہیں یوں تو لاکھوں گردشِ افلاک سے
جس پہ عاشق ہے قیامت وہ ترا پامال ہے

میں سراپا درد ہوں اللہ ہے اس کا گواہ
شکلِ انگشتِ شہادت تن پہ ہر اک بال ہے

ایک میں سو مدعی اک تم ہزاروں جاں نثار
عشق کا یہ حال دیکھا حسن کا وہ حال ہے

حضرتِ ناصح چلے ہیں نذر دینے یوں اسے
دل بغل میں اور خالی ہاتھ پر رومال ہے

نامہ بر ان کا تو وعدہ اور تیرا اعتبار
مکر ہے، فقرہ ہے، عیاری ہے، دم ہے، چال ہے

وہ یہ سنتے ہی رہے اور لے گئے دل چھین کر
ہم یہ کہتے ہی رہے دیکھو پرایا مال ہے

بولتے ہو موت کے معنی پہ تم لفظِ وصال
اور بھی تو اک محل پر اس کا استعمال ہے

فرض ہی کیا ہے کہ ہر مُردے پہ ہوتا ہو عذاب
بلکہ ہستی سے عدم میں داغؔ تو خوشحال ہے

☆

گر ایک بھی ہزار میں بھی وہ مان جائیں گے
ہم اے پیامبر ترے قربان جائیں گے

کیجیے گا قتل ہم کو تو قربان جائیں گے
پر، سر کے ساتھ آپ کے احسان جائیں گے

مجنوں کا حال سن کے پریشان ہو گئے
میری اگر سنو گے تو اوسان جائیں گے

کافر ہو گر رقیب تو وہ حور وش چھٹے
جنت میں تو تمام مسلمان جائیں گے

روزِ جزا کا خوف دلایا تو یہ کہا
ان دھمکیوں کو آپ کی ہم مان جائیں گے

پروا نہیں وہ غیر کے گھر جائیں غم یہ ہے
ہمراہ ان کے سب مرے ارمان جائیں گے

جائیں لباسِ غیر میں ہم بن کے داد خواہ
پر کیا کریں وہ حشر میں پہچان جائیں گے

تنہا وہ کیا خیال میں میرے نہ آئیں گے
دیکھوں کہاں تک ان کے نگہبان جائیں گے

میں لاکھ پہلوؤں سے کروں عرضِ مدّعا
پہچاننے کی بات وہ پہچان جائیں گے

اے داغؔ ابتدائے محبت میں کیا گلہ
وہ جانتے نہیں ہیں تمھیں جان جائیں گے

شرکتِ غم بھی نہیں چاہتی غیرت میری
غیر کی ہو کے رہے یا شبِ فرقت میری

دل یہ کہتا ہے بنے گی یہیں تربت میری
اک زمیں ہے مری سینے میں کدورت میری

مر گیا میں تو نہ جانو کہ بلا سے چھوٹے
بندہ پرور یہ محبت ہے محبت میری

دل بُری شے ہے کہ اغیار سے میں کہتا ہوں
تمھی اللہ نکالو کوئی صورت میری

میں نہ کہتا تھا کہ لے لیجیے دل گھلتا ہے
دیکھیے آپ کی غفلت ہے کہ غفلت میری

دھوم ہے زیرِ زمیں کشتۂ ناز آیا ہے
ہو گئی عید شہیدوں کو زیارت میری

اپنے سائے سے یہ کہتا ہوں کہ تو ہی ہنس بول
کچھ تو بہلے غمِ ہجراں میں طبیعت میری

سر سے پہلے وہ زباں کاٹ لیا کرتے ہیں
کہ خدا سے نہ کرے کوئی شکایت میری

کیا کہوں گا اگر اُس بت نے کہا محشر میں
داورِ حشر ترے ہاتھ ہے عزت میری

خوب تقدیر کی خوبی نے کیا ہے برباد
جابجا مجھ کو لیے پھرتی ہے شہرت میری

جب تری چال کا انداز صبا میں دیکھا
پس گئی خاک مری مٹ گئی تربت میری

شوق کہتا ہے ابھی عرضِ تمنا کیجیے
دل یہ کہتا ہے کہ پڑتی نہیں ہمت میری

حشر میں تجھ سا جفاکار خدا سا منصف
دل سا انصاف طلب اور شہادت میری

کیا جدائی کا اثر ہے کہ شبِ تنہائی
میری تصویر سے ملتی نہیں صورت میری

جب کوئی فتنہ زمانے میں نیا اُٹھتا ہے
وہ اشارے سے بتادیتے ہیں تربت میری

اُس کے کوچے سے جنازہ نہ اُٹھائیں احباب
میں نہ نکلوں گا نہ نکلے گی جو حسرت میری

بخشے جائیں گے سیہ کار بہت روزِ جزا
کہیں جنت میں نہ پہنچے شبِ فرقت میری

جس طرح تو مری آغوش سے نکلا اے شوخ!
یونہی ہاتھوں سے نکلتی ہے طبیعت میری

کہیں دنیا میں نہیں اُس کا ٹھکانا اے داغؔ
چھوڑ کر مجھ کو کہاں جائے مصیبت میری

☆

بعد میرے کیوں نویدِ وصلِ یار آنے کو تھی
وہ چمن ہی مٹ گیا جس میں بہار آنے کو تھی

موت میرے پاس روزِ انتظار آنے کو تھی
آ گئی تقدیر سے جو بے قرار آنے کو تھی

میرے مرنے کی خبر سن کر کیا مشکل سے ضبط
ان کے ہونٹوں پر ہنسی بے اختیار آنے کو تھی

کنجِ مرقد میں کروں کیا اب تڑپنے کا علاج
ایک بار آئی اجل بھی ایک بار آنے کو تھی

سن کے آمد آمد اس کی قبر میں یہ حال تھا
عمرِ رفتہ پھر مری زیرِ مزار آنے کو تھی

کوہ کن کے پاس جاتا ہو نہ مجنوں کا غبار
ایک آندھی آج سوئے کوہسار آنے کو تھی

آسماں پھرتا رہا ہے مضطرب وعدے کی رات
کون سی مجھ تک خوشی پروردگار آنے کو تھی

صبر آتا دیکھ کر ظالم نے پھر تڑپا دیا
میرے قابو میں طبیعت اب کی بار آنے کو تھی

لوگ سمجھانے لگے یہ دن نہیں تکرار کا
گفتگو ان سے مری روزِ شمار آنے کو تھی

نالہ کرنا تو قیامت تھا کہ پہلی آہ میں
آسماں پر سے فرشتوں کی پکار آنے کو تھی

غیر کا مذکور کر بیٹھے وہ، کچھ یاد آ گیا
وصل میں لذت دمِ بوس و کنار آنے کو تھی

فتنۂ محشر نے آ کر حشر برپا کر دیا
نیند آنکھوں میں مری زیرِ مزار آنے کو تھی

ہائے زاہد چل دیا تو بزمِ مے سے تشنہ کام
تیری دعوت کو شرابِ خوشگوار آنے کو تھی

ہے گراں جنسِ وفا ہی داغؔ کیا ہر ایک شے
اب روپے کو بھی نہیں ملتی جو چار آنے کو تھی

☆

اوّل تو رہے دور وہ نالوں سے ہمارے
پاس آئے تو گھبرائے سوالوں سے ہمارے

یہ کہتے ہیں بلبل سے وہ گل ہاتھ میں لے کر
تو دیکھ ملا کر اسے گالوں سے ہمارے

کیا برہنہ پا دشت میں لاکھوں بھی نہ ہوں گے
کانٹوں سے مگر چھیڑ ہے چھالوں سے ہمارے

اتنا تو رہے پاس کہ محشر میں کہو تم
بولے نہ کوئی چاہنے والوں سے ہمارے

ہر وقت نئی دھن ہے ہمیں، تازہ تصور
جاؤ گے کہاں بچ کے خیالوں سے ہمارے

اے داغؔ فلک دشمنِ اربابِ ہنر ہے
ظالم کو خبر ہو نہ کمالوں سے ہمارے

☆

تھک تھک کے نہ بیٹھیں گے نہ مرمر کے اُٹھیں گے
اب ظلم نہ ہم سے دلِ مضطر کے اُٹھیں گے

افسانۂ غم ان کو سناؤں نہ سناؤں
ڈرتا ہوں کہ وہ خواب میں ڈر ڈر کے اُٹھیں گے

چھیڑا ہے اگر تذکرۂ عشق تو سن لو
یہ قصہ تو پورا ہی بیاں کر کے اُٹھیں گے

دنیا ہی میں کر پُرسشِ مظلوم، الٰہی
بت حشر میں اُٹھیں گے تو پتھر کے اُٹھیں گے

مے کش تو چلے جائیں گے جنت سے نکل کر
جب تک نہ مزے بادہ و ساغر کے اُٹھیں گے

بیکار ہے تقلید رہِ عشق میں سچ ہے
معلوم نہ تھا پاؤں نہ رہبر کے اُٹھیں گے

دیکھیں گے وہ جب ناز سے میں نالہ کروں گا
فتنے یہ برابر سے برابر کے اُٹھیں گے

قاتل ترے کشتوں کا سنبھلنا نہیں آساں
وہ روزِ جزا بعد پہر بھر کے اُٹھیں گے

ہم لطف کے بندے ہیں خدا کی قسم اے داغ
ہم سے نہ کبھی ناز ستمگر کے اُٹھیں گے

☆

نہ سمجھا عمر گزری اُس بتِ خود سر کو سمجھاتے
پگھل کر موم ہو جاتا اگر پتھر کو سمجھاتے

ہماری کون سنتا ہے وگرنہ ہم دمِ رخصت
اِدھر کچھ دل کو سمجھاتے اُدھر خنجر کو سمجھاتے

چکھا دیتے مزا منہ پھیر کر رک رک کے چلنے کا
جو بس چلتا تو اپنے ہاتھ سے خنجر کو سمجھاتے

تری رفتار کا انداز جس میں ہو دبے کیونکر
دبا کر کس طرح ہنگامۂ محشر کو سمجھاتے

ہوئے ملزم ہمیں سمجھا کے تم اے حضرتِ ناصح
سمجھ کر بندہ پرور ایسے دانشور کو سمجھاتے

یہ ظالم تو ہزاروں کوس ہم سے دور رہتا ہے
اگر ملتا تو ہم کچھ چرخِ بد اختر کو سمجھاتے

خدا جانے کہاں سے راہِ اُلفت میں کہاں پہنچے
جو ہوتا ہوش کچھ ہم کو تو ہم رہبر کو سمجھاتے

اگر یہ جانتے دعویٰ کریں گے بت خدائی کا
تو اوّل ہی سے ہم کیا جانے کیا بت گر کو سمجھاتے

شبِ فرقت تڑپنا داغؔ کا دیکھا نہیں جاتا
گزر جاتی ہے ساری رات سارے گھر کو سمجھاتے

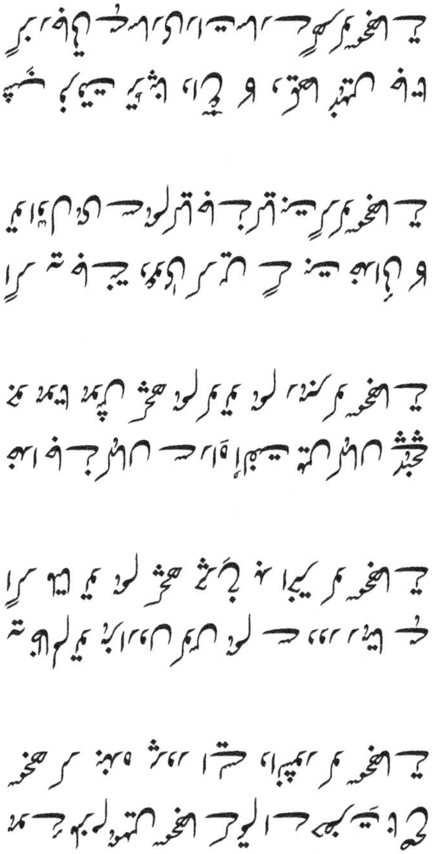

☆

حجت ہی جرمِ دل کی گواہی میں رہ گئی
آلودہ ان کی مہر سیاہی میں رہ گئی

تمکیں جو اس کی شوخ نگاہی میں رہ گئی
کچھ دیر میرے دل کی تباہی میں رہ گئی

سیرِ مقامِ عشق تباہی میں رہ گئی
منزل کی آرزو دلِ راہی میں رہ گئی

دیکھا جو روزِ حشر کسی بت کو مضطرب
چل کر زباں ستم کی گواہی میں رہ گئی

کیا کر سکے اثر دلِ بسمل کی نیم آہ
تیغِ شکستہ دستِ سپاہی میں رہ گئی

آتا ہے رحم توبہ پر اپنی مجھے بہت
کمبخت یہ نہ حفظِ الٰہی میں رہ گئی

منہ پھیر دے گا دل صفِ مژگانِ یار کا
گر جان اس دلیر سپاہی میں رہ گئی

زاہد کو بندگی کا نتیجہ تو مل گیا
گردن خمیدہ یادِ الٰہی میں رہ گئی

پورا ہو کوئی کام مصیبت زدوں سے کیا
جو رہ گئی مراد تباہی میں رہ گئی

شیریں ادائی آپ کی میٹھی چھری سہی
چل کر ہمیشہ تلخ نگاہی میں رہ گئی

کیا لکھ رہے تھے دیکھ کے مجھ کو جو تھم گئے
کیوں نوکِ خامہ غرق سیاہی میں رہ گئی

رکتے ہیں پیچ و تاب سے بھی تیز رو کہیں
پانی میں کب گرہ پرِ ماہی میں رہ گئی

اے داغؔ اہلِ قلعہ کا لٹنا تو در کنار
تنخواہ بھی خزانۂ شاہی میں رہ گئی

☆

فسردہ دل کبھی خلوت نہ انجمن میں رہے
بہار ہو کے رہے ہم تو جس چمن میں رہے

شریکِ آہ و فغاں بھی سخن سخن میں رہے
جو میں رہوں تو بڑی دھوم انجمن میں رہے

مقابلہ ہے رقیبوں سے روزِ محشر بھی
چھپا ہوا کوئی خنجر مرے کفن میں رہے

مجھے یہ ڈر ہے کہ ایمان لے نہ آئیں لوگ
خدا کرے غلطی کچھ مرے سخن میں رہے

ملی جو بے وطنی میں ذرا بھی آسائش
عقیق جا کے عدن میں گہر یمن میں رہے

ترا وہ حسن ہے اے شعلہ رو جو تو چاہے
بغیر شمع کے پروانہ انجمن میں رہے

ہر ایک فتنہ بنے فتنۂ قیامت کا
مگر وہی جو تیری چشمِ سحر فن میں رہے

جنوں سے کیا ہمیں عقبیٰ میں شرمساری ہے
کہ پیرہن سے جو نکلے تو ہم کفن میں رہے

رہا نہ دامنِ یوسف میں داغ عصیاں کا
اگرچہ خون کے دھبے تو پیرہن میں رہے

زبان دے نہ عدو کو کہ یہ تو وہ شے ہے
ترے دہن میں رہے یا مرے دہن میں رہے

رہے علاحدہ شیریں تو اے فلک افسوس
نفاق خسرو پرویز و کوہ کن میں رہے

ملا دے اس میں لعابِ دہن کچھ اے ساقی!
کہ تازگی بھی ذرا سی مئے کہن میں رہے

مسافری میں جب آرام پاؤ گے اے داغؔ
کہ تم سفر میں رہو آسماں وطن میں رہے

کعبے کی ہے ہوس کبھی کوئے بتاں کی ہے
مجھ کو خبر نہیں مری مٹی کہاں کی ہے

سن کر مرا فسانہ انھیں لطف آ گیا
سنتا ہوں اب کہ روز طلب قصہ خواں کی ہے

پیغامبر کی بات پر آپس میں رنج کیا
میری زباں کی ہے نہ تمہاری زباں کی ہے

کچھ تازگی ہو لذتِ آزار کے لیے
ہر دم مجھے تلاش نئے آسماں کی ہے

جاں بر بھی ہو گئے ہیں بہت مجھ سے نیم جاں
کیا غم ہے اے طبیب جو پوری دہاں کی ہے

حسرت برس رہی ہے ہمارے مزار پر
کہتے ہیں سب یہ قبر کسی نوجواں کی ہے

وقتِ خرامِ ناز دکھا دو جدا جدا
یہ چال حشر کی یہ روش آسماں کی ہے

فرصت کہاں کہ ہم سے کسی وقت تُو ملے
دن غیر کا ہے رات ترے پاسباں کی ہے

قاصد کی گفتگو سے تسلی ہو کس طرح
چھپتی نہیں وہ بات جو تیری زباں کی ہے

جورِ رقیب و ظلمِ فلک کا نہیں خیال
تشویش ایک خاطرِ نامہرباں کی ہے

سن کر مرا فسانۂ غم اس نے یہ کہا
ہو جائے جھوٹ سچ یہی خوبی بیاں کی ہے

دامن سنبھال، باندھ کمر، آستیں چڑھا
خنجر نکال دل میں اگر امتحاں کی ہے

ہر ہر نفس میں دل سے نکلنے لگا غبار
کیا جانے گردِ راہ یہ کس کارواں کی ہے

کیونکر نہ آتے خلد سے آدم زمین پر
موزوں وہیں وہ خوب ہے جو شے جہاں کی ہے

تقدیر سے یہ پوچھ رہا ہوں کہ عشق میں
تدبیر کوئی بھی ستمِ ناگہاں کی ہے

اُردو ہے جس کا نام ہمیں جانتے ہیں داغؔ
ہندوستاں میں دھوم ہماری زباں کی ہے

☆

کیا لطفِ ستم یوں اُنھیں حاصل نہیں ہوتا
غنچے کو وہ ملتے ہیں اگر دل نہیں ہوتا

دل کا کوئی حامی دمِ بسمل نہیں ہوتا
کمبخت کلیجہ بھی تو شامل نہیں ہوتا

کچھ تازہ مزہ شوق کا حاصل نہیں ہوتا
ہر روز نئی آنکھ، نیا دل نہیں ہوتا

انکار رہا خواب میں بھی وصل سے اس کو
معشوق کسی حال میں غافل نہیں ہوتا

ایسا تو نہ ہو حشر میں تکرار کی ٹھیرے
تُو اپنی خطا پر کبھی قائل نہیں ہوتا

جس آئنہ کو دیکھ لیا قہر سے اُس نے
اُس آئینے سے کوئی مقابل نہیں ہوتا

غمزہ بھی ہو سفّاک، نگاہیں بھی ہوں خوں ریز
تلوار کے باندھے سے تو قائل نہیں ہوتا

انکار تو کرتے ہو مگر یہ بھی سمجھ لو
بے وجہ کسی سے کوئی سائل نہیں ہوتا

جس دن پئے گلگشت نکلتے ہیں وہ گھر سے
رکھتے ہی نہیں پاؤں جہاں دل نہیں ہوتا

کیا ناک میں دم ہے دلِ دشوار طلب سے
وہ کام بگڑتا ہے جو مشکل نہیں ہوتا

اب دل سے کھٹکتا ہے الگ خارِ تمنا
کھٹکے کی جگہ کوئی بھی شامل نہیں ہوتا

منزل پہ جو پہنچے تو ملے قیس کو لیلیٰ
ناقے سے جدا کیا کبھی محمل نہیں ہوتا؟

کھل کھیلے وہیں آپ جہاں چار میں بیٹھے
یہ شرم، یہ پردہ، سرِ محفل نہیں ہوتا

میں اور شبِ تیرہ و صحرائے خطرناک
رہبر کا پتہ سینکڑوں منزل نہیں ہوتا

بن جاتے ہیں نادان وہ کیسے پئے تسکیں
رکھتے ہیں وہاں ہاتھ جہاں دل نہیں ہوتا

میں دل سے بھی ہشیار، جگر سے بھی خبردار
جب آنکھ لگاتا ہوں تو غافل نہیں ہوتا

مرنے ہی پہ جب آئے تو کیوں ڈوب کر مریے
کیا خاک میں مل جانے کو ساحل نہیں ہوتا؟

دیتے ہیں تجھے اہلِ ہوس نقدِ دل ایسا
جو تیرے غلاموں کے بھی قابل نہیں ہوتا

یہ داد ملی ان سے مجھے کاوشِ دل کی
جس کام کی عادت ہو وہ مشکل نہیں ہوتا

اے داغؔ کس آفت میں ہوں کچھ بن نہیں آتی
وہ چھینتے ہیں، مجھ سے جدا دل نہیں ہوتا

انکارِ مے کشی نے مجھے کیا مزا دیا
سینے پہ چڑھ کے اُس نے خمِ مے پلا دیا

ہر اک کو مستعار دلِ مبتلا دیا
یوں ہم نے اک زمانے کو عاشق بنا دیا

جو کچھ ہو اب تو دل تجھے اے بے وفا دیا
تقدیر نے بگاڑ دیا یا بنا دیا

آخر کو جوشِ گریہ نے اتنا کیا اثر
نقشِ مراد صفحۂ دل سے مٹا دیا

احسان مانتا ہوں ستم ہائے غیر کا
بگڑا ہوا مزاج تمہارا بنا دیا

وہ نامراد لطفِ اسیری ہوں ہم صفیر
صیاد نے بھی مجھ کو چمن سے اُڑا دیا

اپنی تو زندگی ہے تغافل کی وجہ سے
وہ جانتے ہیں خاک میں ہم نے ملا دیا

تھوڑی سی پی کے تلخیِ مے کا گلہ رہا
جب منہ کو لگ گئی تو نہایت مزا دیا

وہ ناز سے زمین پہ رکھتے نہ تھے قدم
تعریف کر کے اور بھی ہم نے اُڑا دیا

کام آ گیا ہجوم رقیبوں کا بزم میں
اس فتنہ گر کی آنکھ سے مجھ کو چھپا دیا

تعریفِ جور اور پھر اِس شدّ و مد کے ساتھ
میری زبان نے مجھے جھوٹا بنا دیا

یوں ہو گئی نجات، یہ تدبیر بن پڑی
ناصح کو ہم نے غیر کے پیچھے لگا دیا

کوئی بھی طولِ روزِ جزا سے غرض نہ تھی
میری شبِ فراق کی ضد نے بڑھا دیا

یارو کا میرا ساتھ ہے مانند برق و ابر
رویا کیا بہت مجھے جس نے ہنسا دیا

انسان جانتے تو نہ لکھتے وہ یہ جواب
کیا جانے نامہ بر نے مجھے کیا بنا دیا

کہلا رہے ہیں حاتمِ ثانی جنابِ شیخ
کیا جانے مے فروش کو حضرت نے کیا دیا

بخشا گیا جو داغؔ سیہ کار، دیکھنا
جنت کہے گی، آگ لگا دی، جلا دیا

اس کعبۂ دل کو کبھی ویراں نہیں دیکھا
اس بت کو کب اللہ کا مہماں نہیں دیکھا

کیا ہم نے عذابِ شبِ ہجراں نہیں دیکھا
تم کو نہ یقیں آئے تو ہاں ہاں نہیں دیکھا

کیا تو نے مرا حالِ پریشاں نہیں دیکھا
اس طرح سے دیکھا کہ مری جاں نہیں دیکھا

جب ہاتھ پڑا وصل میں شوخی سے کسی کا
پھر ہم نے گریباں کو گریباں نہیں دیکھا

ہم جیسے ہیں ایسا کوئی دانا نہیں پایا
تم جیسے ہو ایسا کوئی ناداں نہیں دیکھا

رحمت کے طلب گار ہزاروں نظر آئے
محشر میں کوئی جور کا خواہاں نہیں دیکھا

نظروں میں سمایا ہوا ساماں نہیں جاتا
لیلیٰ نے کبھی قیس کو عریاں نہیں دیکھا

اس بت کی محبت میں قیامت کا مزا ہے
کافر کو بھی دوزخ میں پشیماں نہیں دیکھا

کہتے ہو کہ ''بس دیکھ لیا ہم نے ترا دل''
دل دیکھ لیا اور پھر ارماں نہیں دیکھا؟

کیا ذوق ہے، کیا شوق ہے، سو مرتبہ دیکھوں
پھر بھی یہ کہوں جلوۂ جاناں نہیں دیکھا

محشر میں وہ نادم ہوں، خدا یہ نہ دکھائے
آنکھوں نے کبھی اس کو پشیماں نہیں دیکھا

جو دیکھتے ہیں دیکھنے والے ترے انداز
تو نے وہ تماشا ہی مری جاں نہیں دیکھا

ہر چند ترے ظلم کی کچھ حد نہیں ظالم
پر ہم نے کسی شخص کو نالاں نہیں دیکھا

گو نزع کی حالت ہے، مگر پھر یہ کہوں گا
کچھ تم نے مرا حالِ پریشاں نہیں دیکھا

تم غیر کی تعریف کرو، قہرِ خدا ہے
معشوق کو یوں بندۂ احساں نہیں دیکھا

کیا جذبِ محبت ہے کہ جب سینے سے کھینچا
سفّاک ترے تیر میں پیکاں نہیں دیکھا

ملتا نہیں ہم کو دلِ گم گشتہ ہمارا
تُو نے تو کہیں اے غمِ جاناں نہیں دیکھا

جو دن مجھے تقدیر کی گردش نے دکھایا
تو نے بھی وہ اے گردشِ دوراں نہیں دیکھا

کیا داد ملے اس سے پریشانیِ دل کی
جس بت نے کبھی خوابِ پریشاں نہیں دیکھا

میں نے اسے دیکھا، مرے دل نے اسے دیکھا
تو نے اسے اے دیدۂ حیراں نہیں دیکھا

تم کو مرے مرنے کی یہ حسرت، یہ تمنا
اچھوں کو بُری بات کا ارماں نہیں دیکھا

لو اور سنو، کہتے ہیں وہ دیکھ کے مجھ کو
''جو حال سنا تھا وہ پریشاں نہیں دیکھا''

تم منہ سے کہے جاؤ کہ دیکھا ہے زمانہ
آنکھیں تو یہ کہتی ہیں کہ ''ہاں ہاں نہیں دیکھا''

کیا عیش سے معمور تھی وہ انجمنِ ناز
ہم نے تو وہاں شمع کو گریاں نہیں دیکھا

کہتی ہے مری قبر پہ رو رو کے محبت
یوں خاک میں ملتے ہوئے ارماں نہیں دیکھا

کیوں پوچھتے ہو؟ کون ہے؟ یہ کس کی ہے شہرت؟
کیا تم نے کبھی داغؔ کا دیواں نہیں دیکھا؟

☆

حشر میں بھی مبتلا اس پر جہاں ہو جائے گا
جو یہاں ہوتا ہے وہ اک دن وہاں ہو جائے گا

دل سے بھی باتیں نہیں کرتا کبھی میں اس لیے
وہ ستم گر بدگماں، یہ رازداں ہو جائے گا

آستیں سے پونچھ لے بہتے ہوئے آنسو مرے
ہاتھ تیرا مجھ پہ اے قاتل رواں ہو جائے گا

ان کے گھر سے جب بگڑ کر میں چلا تو یہ کہا
آپ کے جانے سے کیا سونا مکاں ہو جائے گا؟

حسن تیرا، عشق میرا، ہے بلائے روزگار
آفت آ جائے گی یہ چرچا جہاں ہو جائے گا

دل کو مدت میں کیا تھا، خوگرِ طرزِ ستم
کیا خبر تھی وہ یکایک مہرباں ہو جائے گا

چپ رہوں میں حشر میں یہ آپ نے اچھی کہی
ہو سکے گا حالِ دل جتنا بیاں ہو جائے گا

سخت جانی میری تیروں کو رلائے گی لہو
ہر لب سوفار چشمِ خوں فشاں ہو جائے گا

دیکھ لینا آرزوئے وصل میں میرا وصال
بیٹھے بیٹھے، یوں ہی اک دن، ناگہاں ہو جائے گا

داغؔ کو ہم یہ نہ سمجھے تھے کہ تیرے عشق میں
ہائے ایسا شخص یوں بے خانماں ہو جائے گا

ایک ہی شکوے میں ساماں وصل کا برہم ہوا
کیا ہنسی میں رنج پھیلا، کس خوشی میں غم ہوا!

حال میرا دوسرا گویا مزاجِ یار ہے
یہ سنبھالے سے نہ سنبھلے گا اگر برہم ہوا

نا اُمیدی تیرے صدقے، تو نے دی راحت مجھے
کم ہوا جب ایک ارماں، ایک دشمن کم ہوا

بے اثر ہو، تو بھی طوفاں ہو، نہیں دریا تو ہو
حسرت اس آنسو پہ ہے جو قطرۂ شبنم ہوا

چارۂ درماں سے بھی رہ رہ کے اُبھری دل کی چوٹ
تھوڑے تھوڑے لطف سے بھی دردِ دل کم کم ہوا

آگے آگے رنگ لائے گا ابھی مضمونِ غم
نامہ بر کہتا ہے اک اک لفظ پر ماتم ہوا

دردِ دل معشوق کا غصہ نہیں اے چارہ گر
یہ نہ بڑھ کر کم ہوا، جب کم ہوا تو سم ہوا

صبحِ ہجراں میں اِدھر غمگیں، اُدھر اُن کا یہ حال
آئنے سے کہتے ہیں: ''یہ کیا مرا عالم ہوا''؟

داغؔ پھر اس آفتِ جاں سے بڑھائی رسم و راہ!
پہلے تھوڑا رنج پایا! پہلے تھوڑا غم ہوا!

☆

جب جوانی کا مزا جاتا رہا
زندگانی کا مزا جاتا رہا

وہ قسم کھاتے ہیں اب ہر بات پر
بدگمانی کا مزا جاتا رہا

داستانِ عشق جب ٹھیری غلط
پھر کہانی کا مزا جاتا رہا

خواب میں تیری تجلی دیکھ لی
لن ترانی کا مزا جاتا رہا

مٹ گئی اب داغِ فرقت کی جلن
اس نشانی کا مزا جاتا رہا

چھٹ سکے برسات میں کیوں کر شراب
سرد پانی کا مزا جاتا رہا

درد نے اُٹھ کر اُٹھایا بزم سے
ناتوانی کا مزا جاتا رہا

غیر پر لطف و کرم ہونے لگا
مہربانی کا مزا جاتا رہا

کوئی تجھ پر بے غرض مرتا نہیں
جانفشانی کا مزا جاتا رہا

آپ وہ اپنے نگہباں بن گئے
پاسبانی کا مزا جاتا رہا

دوسرا کوئی نہ تجھ سا بن سکا
نقشِ ثانی کا مزا جاتا رہا

جب شرابِ کہنہ میں پانی ملا
اس پرانی کا مزا جاتا رہا

دوسرا پورا پڑا قاتل کا ہاتھ
سخت جانی کا مزا جاتا رہا

نامہ بر نے طے کیے سارے پیام
منہ زبانی کا مزا جاتا رہا

کوئی دن کی اب ہوا کھاتے ہیں ہم
دانے پانی کا مزا جاتا رہا

داغؔ ہی کے دم سے تھا لطفِ سخن
خوش بیانی کا مزا جاتا رہا

☆

بتانِ ماہ وش اُجڑی ہوئی منزل میں رہتے ہیں
کہ جس کی جان جاتی ہے اُسی کے دل میں رہتے ہیں

ہزاروں داغ پنہاں عاشقوں کے دل میں رہتے ہیں
شرر پتھر کی صورت اُن کی آب و گل میں رہتے ہیں

زمیں پہ پاؤں نخوت سے نہیں رکھتے پری پیکر
یہ گویا اس مکاں کی دوسری منزل میں رہتے ہیں

محبت میں مزا ہے چھیڑ کا، لیکن مزے کی ہو
ہزاروں لطف ہر اک شکوۂ باطل میں رہتے ہیں

خدا رکھے سلامت جن کو، اُن کو موت کب آئے
تڑپتے، لوٹتے ہم کوچۂ قاتل میں رہتے ہیں

ہزاروں حسرتیں وہ ہیں کہ روکے سے نہیں رُکتیں
بہت ارمان ایسے ہیں کہ دل کے دل میں رہتے ہیں

یہاں تک تھک گئے ہیں چلتے چلتے تیرے ہاتھوں سے
کہ اب چھپ چھپ کے ناوک سینۂ بسمل میں رہتے ہیں

نہ دیکھے ہوں گے رندوں سے بھی تو نے پاک اے زاہد
کہ یہ بے داغ مے خانے کی آب و گل میں رہتے ہیں

محیطِ عشق کی ہر موج طوفاں خیز ایسی ہے
وہ ہیں گرداب میں جو دامنِ ساحل میں رہتے ہیں

خدا رکھے محبت نے کیے آباد دونوں گھر
میں اُن کے دل میں رہتا ہوں، وہ میرے دل میں رہتے ہیں

جو ہوتی خوب صورت تو نہ چھپتی قیس سے لیلیٰ
مگر ایسے ہی ویسے پردۂ محمل میں رہتے ہیں

ہمارے سائے سے بچتا ہے ہر اک بزم میں اس کی
ہمیں دیکھو کہ ہم تنہا بھری محفل میں رہتے ہیں

سراغِ مہر و الفت غیر کے دل میں نہ پائیں گے
عبث وہ رات دن اس سعیِ بے حاصل میں رہتے ہیں

بتوں کو محرمِ اسرار تو نے کیوں کیا یارب!
کہ یہ کافر ہر اک خلوت سرائے دل میں رہتے ہیں

فلک دشمن ہوا، گردش زدوں کو جب ملی راحت
زیادہ راہ سے کھٹکے مجھے منزل میں رہتے ہیں

تن آسانی کہاں تقدیر میں ہم دل گرفتوں کی
خدا پر خوب روشن ہے کہ جس مشکل میں رہتے ہیں

رہے پیرِ مغاں کے پاس کیوں کر شیخ مصنوعی
جو رہتے ہیں تو کامل صحبتِ کامل میں رہتے ہیں

ہمیں دشوار جینا، عار تم کو قتل کرنے سے
بڑی مشکل میں رکھتے ہو، بڑی مشکل میں رہتے ہیں

کوئی نام و نشاں پوچھے تو اے قاصد! بتا دینا
تخلّص داغؔ ہے وہ عاشقوں کے دل میں رہتے ہیں

☆

راہ پر اُن کو لگا لائے تو ہیں باتوں میں
اور کھل جائیں گے دو چار ملاقاتوں میں

یہ بھی تم جانتے ہو چند ملاقاتوں میں
آزمایا ہے تمہیں ہم نے کئی باتوں میں

غیر کے سر کی بلائیں جو نہیں لیں ظالم
کیا مرے قتل کو بھی جان نہیں ہاتھوں میں؟

ابرِ رحمت ہی برستا نظر آیا زاہد
خاک اُڑتے کبھی دیکھی نہ خراباتوں میں

یارب اس چاند سے ٹکڑے کو کہاں سے لاؤں؟
روشنی جس کی ہو ان تاروں بھری راتوں میں

تمہیں انصاف سے اے حضرتِ ناصح کہہ دو
لطف اِن باتوں میں آتا ہے کہ اُن باتوں میں؟

دوڑ کر دستِ دعا ساتھ دعا کے جاتے
ہائے پیدا نہ ہوئے پاؤں مرے ہاتھوں میں!

کیا قیامت ہے اس ارمان بھرے کی حسرت
ایک شب جس کو میسر نہ ہو سو راتوں میں

جلوۂ یار سے جب بزم میں غش آیا ہے
تو رقیبوں نے سنبھالا ہے مجھے باتوں میں

ایسی تقریر سنی تھی نہ کبھی شوخ و شریر
تیری آنکھوں کے بھی فتنے ہیں تری باتوں میں

عہدِ جمشید میں تھا لطفِ مے و ابر و ہوا
کب یہ معشوق تھے اس وقت کی برساتوں میں

ہم سے انکار ہوا، غیر سے اقرار ہوا
فیصلہ خوب کیا آپ نے دو باتوں میں

ہفت افلاک ہیں، لیکن نہیں کھلتا یہ حجاب
کون سا دشمنِ عشاق ہے ان ساتوں میں؟

اور سنیے ابھی رندوں سے جنابِ واعظ!
چل دیے آپ تو دو چار ہی صلواتوں میں

دل کچھ آگاہ تو ہو شیوۂ عیاری سے
اس لیے آپ ہم آتے ہیں تری گھاتوں میں

وصل کیسا، وہ کسی طرح بہلتے ہی نہ تھے
شام سے صبح ہوئی ان کی مداراتوں میں

وہ گئے دن، جو رہے یاد بتوں کی اے داغؔ
رات بھر اب تو گزرتی ہے مناجاتوں میں

☆

نگاہ پھیر کے عذرِ وصال کرتے ہیں
مجھے وہ اُلٹی چھری سے حلال کرتے ہیں

زبان قطع کرو، دل کو کیوں جلاتے ہو؟
اسی سے شکوہ، اسی سے سوال کرتے ہیں

نہ دیکھی نبض، نہ پوچھا مزاج بھی تم نے
مریضِ غم کی یوں ہی دیکھ بھال کرتے ہیں؟

مرے مزار کو وہ ٹھوکروں سے ٹھکرا کر
فلک سے کہتے ہیں: ''یوں پائمال کرتے ہیں''

پسِ فنا بھی مری روح کانپ جاتی ہے
وہ روتے روتے جو آنکھوں کو لال کرتے ہیں

اُدھر تو کوئی نہیں، جس سے آپ ہیں مصروف
اِدھر کو دیکھیے، ہم عرضِ حال کرتے ہیں

یہی ہے فکر کہ ہاتھ آئے تازہ طرزِ ستم
یہ کیا خیال ہے؟ وہ کیا خیال کرتے ہیں؟

وہاں فریب و دغا میں کمی کہاں، توبہ!
ہزار چال کی وہ ایک چال کرتے ہیں؟

نہیں ہے موت سے کم، اک جہان کا چکر
جنابِ خضر یوں ہی انتقال کرتے ہیں

چھری نکالی ہے مجھ پر عدو کی خاطر سے
پرائے واسطے گردن حلال کرتے ہیں

یہاں یہ شوق، وہ نادان، مدعا باریک
انھیں جواب بتا کر سوال کرتے ہیں

ہزار کام مزے کے ہیں داغؔ اُلفت میں
جو لوگ کچھ نہیں کرتے، کمال کرتے ہیں

بھویں تنتی ہیں، خنجر ہاتھ میں ہے، تن کے بیٹھے ہیں
کسی سے آج بگڑی ہے کہ وہ یوں بن کے بیٹھے ہیں

دلوں پر سیکڑوں سکّے ترے جوبن کے بیٹھے ہیں
کلیجوں پر ہزاروں تیر اس چتون کے بیٹھے ہیں

الٰہی کیوں نہیں اُٹھتی قیامت، ماجرا کیا ہے؟
ہمارے سامنے پہلو میں وہ دشمن کے بیٹھے ہیں

یہ گستاخی، یہ چھیڑ اچھی نہیں ہے، اے دلِ ناداں
ابھی پھر روٹھ جائیں گے، ابھی وہ من کے بیٹھے ہیں

اثر ہے جذبِ الفت میں تو کھنچ کر آ ہی جائیں گے
ہمیں پروا نہیں، ہم سے اگر وہ تن کے بیٹھے ہیں

سبک ہو جائیں گے گر جائیں گے وہ بزمِ دشمن میں
کہ جب تک گھر میں بیٹھے ہیں وہ لاکھوں من کے بیٹھے ہیں

فسوں ہے یا دعا ہے؟ یہ معمّا کھل نہیں سکتا
وہ کچھ پڑھتے ہوئے آگے مرے مدفن کے بیٹھے ہیں

بہت رویا ہوں میں، جب سے یہ میں نے خواب دیکھا ہے
کہ آپ آنسو بہاتے سامنے دشمن کے بیٹھے ہیں

کھڑے ہوں زیرِ طوبیٰ وہ نہ دم لینے کو دم بھر بھی
جو حسرت مند تیرے سایۂ دامن کے بیٹھے ہیں

تلاشِ منزلِ مقصد کی گردش اُٹھ نہیں سکتی
کمر کھولے ہوئے رستے میں ہم رہزن کے بیٹھے ہیں

یہ جوشِ گریہ تو دیکھو کہ جب فرقت میں رویا ہوں
در و دیوار اک پل میں مرے مسکن کے بیٹھے ہیں

نگاہِ شوخ و چشمِ شوق میں درپردہ چھنتی ہے
کہ وہ چلمن میں ہیں، نزدیک ہم چلمن کے بیٹھے ہیں

یہ اُٹھنا بیٹھنا محفل میں اُن کا رنگ لائے گا
قیامت بن کے اُٹھیں گے، بھبوکا بن کے بیٹھے ہیں

کسی کی شامت آئے گی، کسی کی جان جائے گی
کسی کی تاک میں وہ بام پر بن ٹھن کے بیٹھے ہیں

قسم دے کر انھیں سے پوچھ لو تم رنگ ڈھنگ اُس کے
تمھاری بزم میں کچھ دوست بھی دشمن کے بیٹھے ہیں

کوئی چھینٹا پڑے تو داغؔ کلکتے چلے جائیں
عظیم آباد میں ہم منتظر ساون کے بیٹھے ہیں

☆

دل گیا، تم نے لیا، ہم کیا کریں
جانے والی چیز کا غم کیا کریں

میں نے مر کر ہجر میں پائی شفا
ایسے اچھے کا وہ ماتم کیا کریں

ایک ساغر پر ہے اپنی زندگی
رفتہ رفتہ اس سے بھی کم کیا کریں

کر چکے سب اپنی اپنی حکمتیں
دم نکلتا ہے وہ ہمدم کیا کریں

دل نے سیکھا شیوۂ بے گانگی
ایسے نامحرم کو محرم کیا کریں

معرکہ ہے آج حسن و عشق کا
دیکھیے وہ کیا کریں؟ ہم کیا کریں؟

تند خو ہے کب سنے وہ دل کی بات
اور بھی برہم کو برہم کیا کریں

آئنہ ہے اور وہ ہیں، دیکھیے
فیصلہ دونوں یہ باہم کیا کریں

کہتے ہیں اہلِ سفارش مجھ سے داغؔ
''تیری قسمت ہے بُری، ہم کیا کریں؟''

☆

ملاتے ہو اسی کو خاک میں جو دل سے ملتا ہے
مری جاں! چاہنے والا بڑی مشکل سے ملتا ہے

کہیں ہے عید کی شادی، کہیں ماتم ہے مقتل میں
کوئی قاتل سے ملتا ہے، کوئی بسمل سے ملتا ہے

پسِ پردہ بھی لیلیٰ ہاتھ رکھ لیتی ہے آنکھوں پر
غبارِ ناتوانِ قیس جب محمل سے ملتا ہے

بھرے ہیں تجھ میں وہ لاکھوں ہنر، اے مجمعِ خوبی
ملاقاتی ترا گویا بھری محفل سے ملتا ہے

مجھے آتا ہے کیا کیا رشک وقتِ ذبح اس سے بھی
گلا جس دم لپٹ کر خنجرِ قاتل سے ملتا ہے

بظاہر باادب یوں حضرتِ ناصح سے ملتا ہوں
مریدِ خاص جیسے مرشدِ کامل سے ملتا ہے

مثالِ گنجِ قاروں اہلِ حاجت سے نہیں چھپتا
جو ہوتا ہے سخی، خود ڈھونڈ کر سائل سے ملتا ہے

جواب اس بات کا اس شوخ کو کیا دے سکے کوئی
جو دل لے کر کہے کم بخت! تو کس دل سے ملتا ہے؟

چھپائے سے کوئی چھپتی ہے اپنے دل کی بیتابی
کہ ہر تارِ نفس اپنا رگِ بسمل سے ملتا ہے

عدم کی جو حقیقت ہے وہ پوچھو اہلِ ہستی سے
مسافر کو تو منزل کا پتا منزل سے ملتا ہے

غضب ہے داغؔ کے دل سے تمہارا دل نہیں ملتا
تمہارا چاند سا چہرہ مہِ کامل سے ملتا ہے

تم نے بدلے ہم سے گِن گِن کے لیے
ہم نے کیا چاہا تھا اِس دن کے لیے؟

کچھ نرالا ہے جوانی کا بناؤ
شوخیاں زیور ہیں اس سِن کے لیے

چاہنے والوں سے گر مطلب نہیں
آپ پھر پیدا ہوئے کِن کے لیے؟

فیصلہ ہو آج میرا آپ کا
یہ اُٹھا رکھا ہے کس دن کے لیے؟

دے مئے بے درد اے پیرِ مغاں
چاہیے اک پاک باطن کے لیے

دل کے لینے کو ضمانت چاہیے
اور اطمینان ضامن کے لیے

مے کشو! اب آئی شاید فصلِ گل
بلبلوں نے چونچ میں تنکے لیے

ہم نشینوں سے مرے کہتے ہیں وہ
''چھوڑ دیں غیروں کو کیا اِن کے لیے؟''

ہیں رخِ نازک پہ گنتی کے نشاں
کس نے بوسے ترے گِن گِن کے لیے؟

وہ نہیں سنتے ہماری، کیا کریں؟
مانگتے ہیں ہم دعا جن کے لیے

آج کل میں داغؔ ہو گے کامیاب
کیوں مَرے جاتے ہو دو دن کے لیے

☆

ہر دل میں نئے درد سے ہے یاد کسی کی
ملتی نہیں فریاد سے فریاد کسی کی

آرام طلب ہوں کرمِ عام کے طالب
یوں مفت میں لٹتی نہیں بیداد کسی کی

دل تھامے ہوئے پھرتے ہیں سب گبر و مسلماں
کیا یاد ہے، کیا یاد ہے، کیا یاد کسی کی

اس حسنِ جہاں سوز سے برپا ہے قیامت
ایسے میں کرے کیا کوئی امداد کسی کی

بڑھتی ہے محبت کی اسیری میں اسیری
پوری نہیں ہوتی کبھی میعاد کسی کی

ایمان تو جب لائیں ہم اے شانِ کریمی
مٹ جائے اگر لذتِ بیداد کسی کی

نکلی تو سہی جان، مگر سہل نہ نکلی
اٹکی نہیں رہتی مرے جلاد کسی کی

جب دیکھتی ہے نالۂ بلبل میں اثر کچھ
اس کو بھی اُچک لیتی ہے فریاد کسی کی

گھبرا کے اگر موت بھی مانگوں تو کہیں وہ
''جاگیر نہیں ہے عدم آباد کسی کی!''

کیا عیش بھلائے گا یہ آزار، یہ تکلیف
جنت میں بھی یاد آئے گی بیداد کسی کی

ہے اُلفتِ دشمن میں بُرا حال کسی کا
اب حضرتِ دل کیجیے امداد کسی کی

کم بخت وہی داغؔ نہ ہو، دیکھو تو کوئی
بے چین کیے دیتی ہے فریاد کسی کی

☆

گرہ جو پڑ گئی رنجش میں، وہ مشکل سے نکلے گی
نہ اُن کے دل سے نکلے گی، نہ میرے دل سے نکلے گی

مرے زخموں کو تو سب دیکھتے ہیں، یہ بھی سن لیں گے
دعائے مغفرت جس دم لبِ قاتل سے نکلے گی

مجھے دیکھیں تہِ خنجر تو ہٹ جائیں تماشائی
بلا ہے وہ جو حسرت سینۂ بسمل سے نکلے گی

ادا تیری، فغاں میری بھلا کب چین دیتی ہے
جگر تھامے ہوئے خلقت تری محفل سے نکلے گی

مجھے آتا ہے تم پر رحم، میرا منہ نہ کھلواؤ
کلیجہ توڑ لے گی وہ دعا جو دل سے نکلے گی

کسی بد خو سے ہم کہنے لگے تھے مدّعا اپنا
یہ کیا معلوم تھا آواز بھی مشکل سے نکلے گی

تغافل چاہیے اے قیس تجھ کو ایسے موقع پر
ابھی جھنجھلا کے لیلیٰ پردۂ محمل سے نکلے گی

نہ کرنا قتل ہم کو، ورنہ حسرت داغ بن بن کر
تمہارے دل میں بیٹھے گی، ہمارے دل سے نکلے گی

نہیں دشوار کچھ اپنے مکاں سے لامکاں جانا
وہیں پہنچائے گی جو راہ جس منزل سے نکلے گی

مری کشتی اگر چھوٹے گی دریائے محبت میں
تو سب سے پہلے بسم اللہ لبِ ساحل سے نکلے گی

بڑی سختی سے میری جان نکلی ہے کئی دن میں
یکایک لاش کیوں کر کوچۂ قاتل سے نکلے گی؟

چھپایا منہ اگر ہم سے تو کیا ہم مر نہ جائیں گے؟
نگہ بجلی کی صورت پردۂ حائل سے نکلے گی

ترستے ہیں قیامت کے، غضب کے رات دن فقرے
نئی جب بات نکلے گی، تری محفل سے نکلے گی

وہی دوزخ نہ مانگی جس میں یہ بت ہوں گے اے واعظ!
وہاں جنت ہے، جنت کیوں لبِ سائل سے نکلے گی؟

رموزِ عاشقی کو عاشقو! تم داغؔ سے پوچھو
کہ باریکی میں باریکی اسی کامل سے نکلے گی

غیر کا میں بھی اگر چاہنے والا ہوتا
ڈھنگ اس چاہ کا دنیا سے نرالا ہوتا

پارسا کوئی اگر تاکنے والا ہوتا
دخترِ رز نے بڑا نام اچھالا ہوتا

قیس کو آبلۂ پا سے ہوا کیا حاصل
پاؤں میں ناقۂ لیلیٰ کے یہ چھالا ہوتا

جان اے کاش محبت میں سنبھل کر جاتی
موت کی موت، سنبھالے کا سنبھالا ہوتا

تیشہ فرہاد نے بے کار سنبھالا اے عشق
کام بنتا جو ذرا دل کو سنبھالا ہوتا

ساتھ عشّاق کے یہ پھر بھی نہ کرتا نرمی
آسماں گر ہمہ تن روئی کا گالا ہوتا

ہم سے یوسف کا بیاں ہی نہ کیا واعظ نے
ورنہ ہر بات میں تیرا ہی حوالا ہوتا

کچھ قیامت تو نہ تھی ہجر کی شب، اے تقدیر!
اس بلا کو کسی تدبیر سے ٹالا ہوتا

سُن کے اللہ کی تعریف، کہا اُس بت نے
تو نے ہم میں تو کوئی عیب نکالا ہوتا

ہم سناتے جو کوئی درد ہمارا سنتا
دل دِکھاتے جو کوئی دیکھنے والا ہوتا

مل کے اک بار اگر پھر اسے ملتی نہ شراب
لب پہ مئے، ہاتھ میں زاہد کے پیالا ہوتا

تیرگی زلف کی خورشیدِ رُخِ یار سے ہے
دھوپ میں رنگ نہ کس طرح سے کالا ہوتا

نامہ بر دیکھ کے تیور انھیں خط دینا تھا
باتوں باتوں میں فقط کام نکالا ہوتا

خیر گزری کہ رہی حلق میں گھٹ کر فریاد
دلِ بے تاب نے محشر سے نکالا ہوتا

دردِ فرقت کی کھٹک وصل میں کیا مٹ جاتی
آہ تھمتی اگر اے داغؔ تو نالہ ہوتا

لے چلا جان مری، روٹھ کے جانا تیرا
ایسے آنے سے تو بہتر تھا نہ آنا تیرا

اپنے دل کو بھی بتاؤں نہ ٹھکانا تیرا
سب نے جانا، جو پتا ایک نے جانا تیرا

تو جو اے زلف! پریشان رہا کرتی ہے
کس کے اُجڑے ہوئے دل میں ہے ٹھکانا تیرا

آرزو ہی نہ رہی صبحِ وطن کی مجھ کو
شامِ غربت! ہے عجب وقت سہانا تیرا

یہ سمجھ کر تجھے اے موت لگا رکھا ہے
کام آتا ہے بُرے وقت میں آنا تیرا

اے دلِ شیفتہ میں آگ لگانے والے
رنگ لایا ہے یہ لاکھے کا جمانا تیرا

تو خدا تو نہیں اے ناصح ناداں! میرا
کیا خطا کی جو کہا میں نے نہ مانا تیرا؟

رنج کیا وصل عدو کا جو تعلق ہی نہیں
مجھ کو واللہ ہنساتا ہے رلانا تیرا

کعبہ و دیر میں یا چشم و دلِ عاشق میں
انھی دو چار گھروں میں ہے ٹھکانا تیرا

ترکِ عادت سے مجھے نیند نہیں آنے کی
کہیں نیچا نہ ہو اے گور! سرہانا تیرا

میں جو کہتا ہوں اُٹھائے ہیں بہت رنجِ فراق
وہ یہ کہتے ہیں بڑا دل ہے توانا تیرا

بزمِ دشمن سے تجھے کون اُٹھا سکتا ہے
اک قیامت کا اُٹھانا ہے اُٹھانا تیرا

اپنی آنکھوں میں ابھی کوند گئی بجلی سی
ہم نہ سمجھے کہ یہ آنا ہے کہ جانا تیرا

یوں تو کیا آئے گا تو فرطِ نزاکت سے یہاں
سخت دشوار ہے دھوکے میں بھی آنا تیرا

داغؔ کو یوں وہ مٹاتے ہیں یہ فرماتے ہیں
تُو بدل ڈال ہُوا نام پرانا تیرا

تمہارے خط میں نیا اک سلام کس کا تھا
نہ تھا رقیب تو آخر وہ نام کس کا تھا

وہ قتل کر کے مجھے ہر کسی سے پوچھتے ہیں
یہ کام کس نے کیا ہے، یہ کام کس کا تھا

وفا کریں گے، نباہیں گے، بات مانیں گے
تمہیں بھی یاد ہے کچھ یہ کلام کس کا تھا

رہا نہ دل میں وہ بے درد اور درد رہا
مقیم کون ہوا ہے، مقام کس کا تھا

نہ پوچھ پُچھ تھی کسی کی وہاں نہ آؤ بھگت
تمہاری بزم میں کل اہتمام کس کا تھا

تمام بزم جسے سُن کے رہ گئی مشتاق
کہو وہ تذکرۂ ناتمام کس کا تھا

ہمارے خط کے تو پرزے کیے پڑھا بھی نہیں
سنا جو تو نے بہ دل وہ پیام کس کا تھا

اُٹھائی کیوں نہ قیامت عدو کے کوچے میں
لحاظ آپ کو وقتِ خرام کس کا تھا

گزر گیا وہ زمانہ کہوں تو کس سے کہوں
خیال دل کو مرے صبح و شام کس کا تھا

ہمیں تو حضرتِ واعظ کی ضد نے پلوائی
یہاں ارادۂ شربِ مدام کس کا تھا

اگرچہ دیکھنے والے ترے ہزاروں تھے
تباہ حال بہت زیرِ بام کس کا تھا

وہ کون تھا کہ تمہیں جس نے بے وفا جانا
خیالِ خام، یہ سودائے خام کس کا تھا

انہی صفات سے ہوتا ہے آدمی مشہور
جو لطفِ عام وہ کرتے یہ نام کس کا تھا

ہر اک سے کہتے ہیں کیا داغؔ بے وفا نکلا
یہ پوچھے ان سے کوئی وہ غلام کس کا تھا

☆

اپنی نظر میں ہیچ ہے سارے جہاں کی سیر
دل خوش نہ ہو تو کس کا تماشا کہاں کی سیر

اب تک تو دیکھتے رہے جوبن بہار کا
آئندہ ہم کریں گے تمہاری خزاں کی سیر

بابِ قبول تک نہیں پہنچی ہماری آہ
پھر پھر کے کر رہی ہے ابھی آسماں کی سیر

سیرِ خزاں بھی دیدۂ عبرت نگر کرے
کیا کی جو کی بہارِ گل و گلستاں کی سیر

دل میں کبھی، جگر میں کبھی ہے نگاہِ یار
دیکھے تو کوئی آنکھ سے اس میہماں کی سیر

دنیا کے دیکھنے کے لیے آنکھ چاہیے
جنت کی سیر سے ہے سِوا اس مکاں کی سیر

پتا کھڑک گیا تو وہ لپکا اسی طرف
دیکھی تمام رات عجب پاسباں کی سیر

کچھ جھومتے ہیں نشے میں کچھ ہیں گرے پڑے
کچھ اور ہی ہے محفلِ پیرِ مغاں کی سیر

کس پر جمائے آنکھ خریدار کیا کرے
بازارِ حسن میں ہے نئی ہر دکاں کی سیر

ہم جانتے تھے یہ کہ انھیں خوف آئے گا
وہ دیکھتے ہیں نالۂ آتش فشاں کی سیر

کیوں دیکھنے لگے مری چشمِ پُر آب کو
دریا پہ آپ کیجیے آبِ رواں کی سیر

کیوں آدمی کو عالمِ بالا کی ہو ہوس
بڑھ کر نہیں زمین سے کچھ آسماں کی سیر

دلّی میں پھول والوں کی ہے ایک سیر داغؔ
بلدے میں ہم نے دیکھ لی سارے جہاں کی سیر

عذر آنے میں بھی ہے اور بلاتے بھی نہیں
باعثِ ترکِ ملاقات بتاتے بھی نہیں

منتظر ہیں دمِ رخصت کہ یہ مر جائے تو جائیں
پھر یہ احسان کہ ہم چھوڑ کے جاتے بھی نہیں

سر اُٹھاؤ تو سہی آنکھ ملاؤ تو سہی
نشۂ مے بھی نہیں نیند کے ماتے بھی نہیں

کیا کہا، پھر تو کہو ''ہم نہیں سنتے تیری''
نہیں سنتے تو ہم ایسوں کو سناتے بھی نہیں

خوب پردہ ہے کہ چلمن سے لگے بیٹھے ہیں
صاف چھپتے بھی نہیں سامنے آتے بھی نہیں

مجھ سے لاغر تری آنکھوں میں کھٹکتے تو رہے
تجھ سے نازک مری نظروں میں سماتے بھی نہیں

دیکھتے ہی مجھے محفل میں یہ ارشاد ہوا
کون بیٹھا ہے اسے لوگ اُٹھاتے بھی نہیں

ہو چکا قطع تعلق تو جفائیں کیوں ہوں
جن کو مطلب نہیں رہتا وہ ستاتے بھی نہیں

زیست سے تنگ ہو اے داغؔ تو کیوں جیتے ہو
جان پیاری بھی نہیں جان سے جاتے بھی نہیں

☆

کسی کا مجھ کو نہ محتاج رکھ زمانے میں
کمی ہے کون سی یارب ترے خزانے میں

اس انفعال سے گھر چھوڑنا پڑا مجھ کو
وہ آج آئیں گے میرے غریب خانے میں

جو ہو اجازتِ صیاد و طاقتِ پرواز
قفس کو لے کے چلا جاؤں آشیانے میں

رقیب بھی تو اسے کان رکھ کے سنتے ہیں
عجب طرح کا مزہ ہے مرے فسانے میں

نہ باز آ دلِ مضطر سوالِ پیہم سے
وہ سوچتے ہیں ابھی دیر ہے بہانے میں

لڑیں وہ میرے عوض تجھ سے رحم کھا کھا کر
اگر ہوں لیلیٰ و شیریں ترے زمانے میں

ملا نہ خرمنِ ہستی سے کچھ سوائے اجل
بھرا ہے زہر مگر اس کے دانے دانے میں

ہمارے دل پہ لگائیں تو وہ خدنگِ نگاہ
یہ تیر ڈوب کے رہ جائے گا نشانے میں

سرِ نیاز کے جھکتے ہی آنکھ سے دیکھا
بھرا ہے جلوہ عجب تیرے آستانے میں

نہ رکھ مجھے قفسِ آہنی میں اے صیاد
بجائے خار تھے گل میرے آشیانے میں

مرے وکیل بنے ہیں جو حضرتِ ناصح
یہ فکر ہے انھیں کیا دوں گا محنتانے میں

پڑھیں گے حضرتِ زاہد وہاں بھی جا کے نماز
بنے گی چھوٹی سی مسجد شراب خانے میں

مآلِ کار خدا جانے داغؔ کیا ہو گا
خدا سے کام پڑا آخری زمانے میں

☆

خط میں لکھے ہوئے رنجش کے کلام آتے ہیں
کس قیامت کے یہ نامے مرے نام آتے ہیں

تابِ نظارہ کسے دیکھے جو اُن کے جلوے
بجلیاں کوندتی ہیں جب لبِ بام آتے ہیں

تو سہی حشر میں تجھ سے جو نہ یہ کہوا دوں
دوست وہ ہوتے ہیں جو وقت پہ کام آتے ہیں

رہروِ راہِ محبت کا خدا حافظ ہے
اس میں دو چار بہت سخت مقام آتے ہیں

وہ ڈرا ہوں کہ سمجھتا ہوں یہ دھوکا تو نہ ہو
اب وہاں سے جو محبت کے پیام آتے ہیں

صبر کرتا ہے کبھی اور تڑپتا ہے کبھی
دلِ ناکام کو اپنے یہی کام آتے ہیں

نہ کسی شخص کی عزت، نہ کسی کی توقیر
عاشق آتے ہیں تمہارے کہ غلام آتے ہیں

رسمِ تحریر بھی مٹ جائے یہی مطلب ہے
اُن کے خط میں مجھے غیروں کے سلام آتے ہیں

وصل کی رات گزر جائے نہ بے لطفی میں
کہ مجھے نیند کے جھوکے سرِ شام آتے ہیں

گریہ ہو، نالہ ہو، حسرت ہو کہ ارمانِ وصال
آنے والے تیری فرقت میں مدام آتے ہیں

داغؔ کی طرح سے گل ہوتے ہیں صدقے قرباں
بہرِ گل گشت چمن میں جو نظام آتے ہیں

سب لوگ جدھر وہ ہیں اُدھر دیکھ رہے ہیں
ہم دیکھنے والوں کی نظر دیکھ رہے ہیں

تیور ترے اے رشکِ قمر دیکھ رہے ہیں
ہم شام سے آثارِ سحر دیکھ رہے ہیں

میرا دلِ گم گشتہ جو ڈھونڈا نہیں ملتا
وہ اپنا دہن، اپنی کمر دیکھ رہے ہیں

ہے مجمعِ اغیار کہ ہنگامۂ محشر
کیا سیر مرے دیدۂ تر دیکھ رہے ہیں

اب اے نگہِ شوق نہ رہ جائے تمنا
اس وقت اِدھر سے وہ اُدھر دیکھ رہے ہیں

ہر چند کہ ہر روز کی رنجش ہے قیامت
ہم کوئی دن اس کو بھی مگر دیکھ رہے ہیں

آمد ہے کسی کی کہ گیا کوئی ادھر سے
کیوں سب طرفِ راہ گزر دیکھ رہے ہیں

تکرار تجلی نے ترے جلوے میں کیوں کی
حیرت زدہ سب اہلِ نظر دیکھ رہے ہیں

نیرنگ ہے ایک ایک ترا دید کے قابل
ہم اے فلکِ شعبدہ گر، دیکھ رہے ہیں

کب تک ہے تمہارا سخنِ تلخ گوارا
اس زہر میں کتنا ہے اثر دیکھ رہے ہیں

کچھ دیکھ رہے ہیں دلِ بسمل کا تڑپنا
کچھ غور سے قاتل کا ہنر دیکھ رہے ہیں

اب تک تو جو قسمت نے دکھایا وہی دیکھا
آئندہ ہو کیا نفع و ضرر دیکھ رہے ہیں

پہلے تو سنا کرتے تھے عاشق کی مصیبت
اب آنکھ سے وہ آٹھ پہر دیکھ رہے ہیں

کیوں کفر ہے دیدارِ صنم حضرتِ واعظ!
اللہ دکھاتا ہے، بشر دیکھ رہے ہیں

خط غیر کا پڑھتے تھے، جو ٹوکا تو وہ بولے
اخبار کا پرچہ ہے خبر دیکھ رہے ہیں

پڑھ پڑھ کے وہ دم کرتے ہیں کچھ ہاتھ پر اپنے
ہنس ہنس کے مرے زخمِ جگر دیکھ رہے ہیں

میں داغؔ ہوں مرتا ہوں اِدھر دیکھیے مجھ کو
منہ پھیر کے یہ آپ کدھر دیکھ رہے ہیں

☆

لطف وہ عشق میں پائے ہیں کہ جی جانتا ہے
رنج بھی ایسے اُٹھائے ہیں کہ جی جانتا ہے

جو زمانے کے ستم ہیں وہ زمانہ جانے
تو نے دل اتنے ستائے ہیں کہ جی جانتا ہے

مسکراتے ہوئے وہ مجمعِ اغیار کے ساتھ
آج یوں بزم میں آئے ہیں کہ جی جانتا ہے

سادگی، بانکپن، اغماض، شرارت، شوخی
تو نے انداز وہ پائے ہیں کہ جی جانتا ہے

انہی قدموں نے تمہارے انہی قدموں کی قسم
خاک میں اتنے ملائے ہیں کہ جی جانتا ہے

تم نہیں جانتے اب تک، یہ تمہارے انداز
وہ مرے دل میں سمائے ہیں کہ جی جانتا ہے

کعبہ و دیر میں پتھرا گئیں دونوں آنکھیں
ایسے جلوے نظر آئے ہیں کہ جی جانتا ہے

دوستی میں تری درپردہ ہمارے دشمن
اس قدر اپنے پرائے ہیں کہ جی جانتا ہے

داغؔ وارفتہ کو ہم آج ترے کوچے سے
اس طرح کھینچ کے لائے ہیں کہ جی جانتا ہے

☆

جس وقت آئے ہوش میں کچھ بے خودی سے ہم
کرتے رہے خیال میں باتیں اسی سے ہم

ناچار تم ہو دل سے تو مجبور جی سے ہم
رکھتے ہو تم کسی سے محبت، کسی سے ہم

پوچھے نہ کوئی ہم کو نہ بولیں کسی سے ہم
کُنجِ لحد میں جاتے ہیں کس بے کسی سے ہم

نقشِ قدم پہ آنکھیں ملیں مل کے چل دیے
کیا اور خاک لے گئے تیری گلی سے ہم

یوسف کہا جو اُن کو تو ناراض ہو گئے
تشبیہ اب نہ دیں گے کسی کو کسی سے ہم

ہوتا ہے پر ضرور خوشی کا مآلِ رنج
رونے لگے اخیر زیادہ خوشی سے ہم

کہتے ہیں آنسوؤں سے بجھائیں گے ہم تجھے
یہ دل لگی بھی کرتے ہیں دل کی لگی سے ہم

کے دن ہوئے ہیں ہاتھ میں ساغر لیے ہوئے
کس طرح توبہ کر لیں الٰہی ابھی سے ہم

ہم سے چھپے گا عشق یہ کہنے کی بات ہے
کیا کچھ بُری بھلی نہ کہیں گے کسی سے ہم

معشوق کی خطا نہیں عاشق کا ہے قصور
جب غور کر کے دیکھتے ہیں منصفی سے ہم

دشمن کی دوستی سے کیا قتل دوست نے
دعویٰ کریں گے خون کا اب مدعی سے ہم

واعظ خطا معاف کہ انسان ہم تو ہیں
بن جائیں گے فرشتہ نہ کچھ آدمی سے ہم

جس کو نہیں نصیب، بڑا بدنصیب ہے
کھاتے ہیں تیرے عشق کا غم کس خوشی سے ہم

خلوت گزیں رہے ہیں تصور میں اِس قدر
معلوم ہوں گے حشر میں بھی اجنبی سے ہم

اس کا گواہ کون ہے یارب ترے سوا
مرتے ہیں ہجرِ یار میں کس بے کسی سے ہم

غیروں سے التفات پہ ٹوکا تو یہ کہا
دنیا میں بات بھی نہ کریں کیا کسی سے ہم

مانوس ہو نشاط و سرور و خوشی سے تم
حسرت سے ہم، ملال سے ہم، بے کسی سے ہم

کرتے ہیں ایسی بات کہ کہہ دے وہ دل کی بات
یوں مدّعا نکالتے ہیں مدعی سے ہم

دل کچھ اُچاٹ سا ہے ترے طور دیکھ کر
وہ بات کر کہ پیار کریں تجھ کو جی سی سے ہم

عادت بُری بَلا ہے یہ چھٹتی نہیں کبھی
دنیا کے غم اُٹھاتے ہیں کس کس خوشی سے ہم

وعدہ کیا ہے اُس نے قیامت میں وصل کا
اپنا وصال چاہتے ہیں لو ابھی سے ہم

کرتے ہیں اک غرض کے لیے اس کی بندگی
بن جائیں گے غلام نہ کچھ بندگی سے ہم

اَن بن ہوئی ہو غیر سے اس کی خدا کرے
سنتے ہیں لاگ ڈانٹ کسی کی کسی سے ہم

دل گیر اس قدر ہیں کہ جا جا کے باغ میں
دل کو ملا کے دیکھتے ہیں ہر کلی سے ہم

کہتے ہیں وہ ستم میں ہمارے ہے خاص لطف
یہ دشمنی بھی کرتے ہیں اک دوستی سے ہم

واقف رموزِ عشق و محبت سے داغؔ ہے
ملتا اگر تو پوچھتے کچھ اس ولی سے ہم

کم بخت دل نے داغؔ کیا ہے ہمیں تباہ
عاشق مزاج ہو گئے آخر اسی سے ہم

متاعِ دل کا ہے بازار غور کے قابل
بُرے بھلے پہ نظر بھی تو ڈالتے جاؤ

بُرا بھلا وہ رقیبوں سے مجھ کو سنوائیں
پھر اس پہ یہ بھی ہو تاکید ٹالتے جاؤ

ادا ادا سے چھری پھیرتے رہو مجھ پر
ہنسی ہنسی میں مرا دم نکالتے جاؤ

ہماری قبر پر دو پھول ڈالتے جاؤ
کسی غریب کی حسرت نکالتے جاؤ

تمہاری بزم میں یہ عاشقوں کی عزت ہے
وہ آتے جائیں، انھیں تم نکالتے جاؤ

پتے پتے کی سنو مجھ سے اب ذرا سچ سچ
تمھیں خدا کی قسم تم جھٹالتے جاؤ

عجیب لطف ہے اس گفتگو کا کیا کہنا
بُرا عدو کو کہو، مجھ پہ ڈالتے جاؤ

وہ دل کو لیتے ہیں احسان رکھ کے یہ کہہ کر
بغل میں اپنی نہ دشمن کو پالتے جاؤ

بُرے ہیں حضرتِ دل چشم وخال وخط کے خیال
جو ٹل سکیں یہ بلائیں تو ٹالتے جاؤ

ادھر کو بھولے سے مدت میں اب تو آ نکلے
مریضِ عشق کی حالت سنبھالتے جاؤ

مجھے نکالنے آئے ہو اپنے کوچے سے
نکلنے والے کو دوزخ میں ڈالتے جاؤ

کہا کرے جو کوئی تم سے دوستی کی کبھی
تم اپنے کان میں وہ بات ڈالتے جاؤ

بھرے ہوئے ہیں مرے دل میں سینکڑوں ارماں
نکلتے جائیں جہاں تک نکالتے جاؤ

دکھائی دے گا کسی دن وہ دل کے آئینے میں
مگر یہ شرط ہے اس کو اُجالتے جاؤ

علاج کرتے ہو اب دردِ عشق کا اے داغؔ
کہا تھا کس نے کہ یہ روگ پالتے جاؤ

☆

یہ کیا کہا کہ میری بلا بھی نہ آئے گی
کیا تم نہ آؤ گے تو قضا بھی نہ آئے گی

قاصد کا انتظار عبث یہ یقین ہے
مجھ تک تو اس طرف کی ہوا بھی نہ آئے گی

اے شوخ اگر یہی ہیں تلوّن مزاجیاں
پوری تجھے تو طرزِ جفا بھی نہ آئے گی

آنکھیں خدا نے دی ہیں مروّت کے واسطے
یہ کیا خبر تھی تجھ کو حیا بھی نہ آئے گی

گر یوں ہی ضعفِ قلب دکھائے گا اپنا زور
لب تک اخیر وقت دعا بھی نہ آئے گی

زاہد سے کہہ دو رنج و مصیبت کی کر دعا
اس کے بغیر یادِ خدا بھی نہ آئے گی

خوش ہوں کہ وہ خیال میں لاتے نہیں مجھے
ان کی سمجھ میں میری خطا بھی نہ آئے گی

آنے لگے تھے حال مگر یہ خبر نہ تھی
مطلب کی بات لب پہ ذرا بھی نہ آئے گی

تم جاؤ گے اگر نہ عیادت کے واسطے
بیمارِ غم کو راس دوا بھی نہ آئے گی

عاشق تمہیں سکھاتے ہیں اندازِ دلبری
گر دل نہ آئے گا تو ادا بھی نہ آئے گی

کیا جانیں کیا کریں گی تری شوخ چتونیں
تجھ کو تو شرم روزِ جزا بھی نہ آئے گی

جو مر گئے ہیں تیری محبت میں دردمند
راحت انھیں تو بعدِ فنا بھی نہ آئے گی

وعدے کی رات کیوں نہ بہانہ کریں گے وہ
جب تک نہ ہو بہانہ قضا بھی نہ آئے گی

تم جانتے ہو آئے گی پھر یہ شبِ وصال
اے داغؔ مان جاؤ کہا بھی نہ آئے گی

☆

چلے آتے ہی ایسے بے قرار آئے تو کیا آئے
کہ گھوڑے پر ہوا کے تم سوار آئے تو کیا آئے

کسی نے مڑ کے کب دیکھا چلے دے کر مجھے مٹی
گئے تو کیا گئے پھر سوگوار آئے تو کیا آئے

کسی میں کچھ بہانہ ہے، کسی میں عذر ہے کوئی
لگاتار آج میرے نام تار آئے تو کیا آئے

بہت تکلیف پائی ہے، بہت صدمے اُٹھائے ہیں
طبیعت اب کہیں بے اختیار آئے تو کیا آئے

زمانہ جانتا ہے تم ہو جھوٹے اک زمانے کے
زمانے کو تمہارا اعتبار آئے تو کیا آئے

ہماری بات کیا سمجھے گا تو اے ناصحِ ناداں!
سمجھ میں تیری اے ناکردہ کار آئے تو کیا آئے

ہوا بھی تیری خلوت گاہ میں آنے نہیں پاتی
ترے در تک مرا مشتِ غبار آئے تو کیا آئے

تسلی ہے نہ تسکیں، یہ کوئی آنے میں آنا ہے
عبادت کو مری وہ چند بار آئے تو کیا آئے

لگا رکھنا تمہیں آتا نہیں، بس ہے کسر اتنی
تمہارے دم میں کوئی بار بار آئے تو کیا آئے

سوالِ عشق کرنا تھا کہ عاشق کو مزا آتا
فرشتے پوچھنے زیرِ مزار آئے تو کیا آئے

شمار اہلِ وفا کا جو ہو دنیا میں تو بہتر ہے
تری گنتی میں وہ روزِ شمار آئے تو کیا آئے

بڑھی آتی ہے آگے نااُمیدی پیشوائی کو
ترے در پر کوئی اُمیدوار آئے تو کیا آئے

قدم رکھا تھا بازی گاہِ اُلفت میں کہ دل کھویا
گئے تھے جیتنے کیا چیز ہار آئے تو کیا آئے

جو ہیں اہلِ ہوس ساقی، شرابِ عشق کا اُن کو
سرور آئے تو کیا آئے، خمار آئے تو کیا آئے

نہیں اُٹھتیں نگاہیں شرم سے کیا تیر مارو گے
تمہارے ہاتھ اب دل کا شکار آئے تو کیا آئے

تمہاری بزم میں دیکھا نہ ہم نے داغؔ سا کوئی
جو سو آئے تو کیا آئے، ہزار آئے تو کیا آئے

انداز پبلیکیشنز کی دیگر مطبوعات

ذرا موسم بدلنے دو	سلیم کوثر
دنیا مری آرزو سے کم ہے	سلیم کوثر
محبت اک شجر ہے	سلیم کوثر
یہ چراغ ہے تو جلا رہے	سلیم کوثر
خالی ہاتھوں میں ارض وسما	سلیم کوثر
اندوختہ	انور شعور
می رقصم	انور شعور
مشقِ سخن	انور شعور
دل کا کیا رنگ کروں	انور شعور
ڈاؤ نامہ	ڈاکٹر حبیب خان
مجتبیٰ حسین اور فنِ طنز و مزاح نگاری	ڈاکٹر گُلِ راعنا
صدائے سُخن	خواجہ وہاب صابرؔ
کچھ خواب اُٹھائے پھرتا ہوں	فیاض الدین صائب

available on www.amazon.com

OR

www.andaazpublications.com